EARLY AMERICAN
LATIN VERSE
1625—1825
AN ANTHOLOGY

EARLY AMERICAN
LATIN VERSE
1625—1825
AN ANTHOLOGY

EDITED WITH AN INTRODUCTION AND NOTES
BY LEO M. KAISER

BOLCHAZY-CARDUCCI PUBLISHERS

This Publication Was Made Possible By
PEGASUS LIMITED

Produced and Printed by
U.S. GRAPHICS
Division of Bolchazy-Carducci Publishers

© Copyright 1984
BOLCHAZY-CARDUCCI PUBLISHERS
8 S. Michigan Ave.
Chicago, Illinois 60603

Printed in the United States of America

International Standard Book Number:
 Hardbound 0-86516-029-5
 Softbound 0-86516-030-9

Library of Congress Catalog Number:
 Hardbound 83-072940
 Softbound 83-072939

For Aurelia

Preface

LEGENTI S.P.

> *Americanos ingenii affatim ad quamvis linguam seu scientiam optime intelligendam habere, negari nequit*
> (Franciscus Glassius in *Vita Georgii Washingtonii*)

Americanorum terra Latinitatis ultima quasi propago haud iniuria dici potest. Nam a quo tempore classes Hispanae novi orbis ad littora sunt adpulsae, simul fere egressae litterae Latinae nova florebant in patria. Litterarum studiosis melius fortasse innotuerunt poetae Latini e Latina America oriundi, ut sunt Didacus Abad Mexicanus, Raphael Landivar Guatemalanus, Michael Caro Columbianus vel Prudentius Amalar Brasilianus. At tempus est et noscere scriptores septentrionales sive Canadenses sive Novanglos sive qui Civitatum Foederatarum Latinitatem illustraverunt. Eos autem conquirere et e pulvere bibliothecarum quasi e mortuis resuscitare opus est et onus vere Sisypheum, cuius maiorem partem portavit ac portat Leo Kaiser collega noster Chicaginiensis. Huius igitur viri docti prudentiae et in opere suscepto alacritati adplaudimus votumque pro eo nuncupamus ut et vires praesto sint semper et synergos inveniat doctos: sic utinam aliquando absolvatur totius Latinitatis Americanae historia a primis eius initiis ad nostros usque dies, quibus floruerunt etiamve nunc florent C. Arrius Nurus, Joannes Alexander Gaertner, Iosephus Tusiani, Laurentius Viscido aliique poetae non spernendi. Ab oblivione quoque vindicandi sunt scriptores pedestres, puta oratores illos academicos, quorum opuscula identidem idem edidit Leo, vel Franciscum Glassium Ohionensem, vel Andream etiam Avellanum multarum fabularum interpretatorem Latinum.

Dixerit fortasse quispiam: cur tantopere laboras pro auctoribus istis Latinis, qui ad collegas Anglice scribentes si contuleris, apparebunt pumiliunculi nullam nec domi nec apud exteros famam adepti? Cui respondeo valere eos, immo valere multum, non quod litteras Americanas monumentis locupletaverint immortalibus, sed quia symbolum sunt et signum immortalis illius ingeniorum cultus, qui multa per saecula totum orbem occiduum educavit, ditavit et colligavit. Etenim per totum illum terrarum et Oceani tractum, qui est inter Ionium mare aut Balticum ab una, Pacificum ab altera parte, electa iuventus olim eadem lingua iisdemque litteris erudiebatur. Commune hoc animorum mentiumque vinculum hodie fere rescissum et abiectum est, neque quod sciamus alterum est inventum aeque omnibus idem et carum. Nisi forte doctrinas dicas technicas. At quis est qui adserere ausit maius vitae gaudium maioresque animi fructus hominibus hauriri posse ex usu machinae cuiusdam computatricis quam e solo Vergilio vel Horatio non sine labore lecto? Universi igitur huius vinculi pro dolor! amissi restat restetque utinam diu memoria singularum terrarum Latinitas. Inter altas silvas locus etiam sit ubi arbusta crescant humilesque myricae.

Scripsimus Lovanii in Agro Parcensi, Kal. Sept. MCMLXXXIII.

    Iosephus IJsewijn,
      Litterarum Latinarum in Universitate Lovaniensi professor,
      Regiae Academiae Belgicae litteris, scientiis et bonis artibus fovendis adsocius

Contents

INTRODUCTION xvii

BIBLIOGRAPHY xxi

THE POETS AND THEIR POEMS 2

   WILLIAM MORRELL (c. 1590-after 1626) 3
      1. Nov-Anglia 4

   PHILIP VINCENT (1600-after 1637) 8
      2. Ad Lectorem Authoris carmen εὐχαρίστιχον 9

   JOHN WILSON (1588-1667) 10
      3. In pientissimum virum Johannem Harvardum 11
      4. Thomas Shepardius 13
      5. Johannes Nortonus 14

   ELIJAH CORLET (c. 1610-1687) 16
      6. Epitaph for Thomas Hooker 17
      7. In obitum Johannis Hull 19

   CHARLES CHAUNCY (1592-1672) 21
      8. Novae Angliae Lamentatio 22
      9. On the Death of John Davenport 23

   PETER BULKELEY (1582-1659) 24
      10. Elegy on John Cotton 25
      11. On an Earthquake 25
      12. On His Birthday 26
      13. On His Old Age 26

   ABRAHAM PIERSON (c. 1608-1678) 27
      14. On the Death of Theophilus Eaton 28

   MICHAEL WIGGLESWORTH (1631-1705) 29
      15. On His Misery 30
      16. The Wrath of God 30

LEONARD HOAR (1630-1675) 31
   17. Harvard College 32

ELEAZAR (d. c. 1678) 33
   18. In Obitum Thomae Thacheri 34

WILLIAM ADAMS (1650-1685) 35
   19. Carmen Funebre in Obitum Uriani Oakesii 36

SAMUEL SEWALL (1652-1730) 38
   20. Occasional Verse 39
   21. On the Burning of the Quebeck Cross 39
   22. Inscription for a Book 39

ANONYMOUS (1715) 40
   23. In Obitum Thomae Bridge 41

JAMES LOGAN (1674-1751) 43
   24. On the Death of His Infant Daughter, Rachel 44
   25. Votum pro Vita et Morte 45

THOMAS MAKIN (1665-1733) 46
   26. Descriptio Pennsylvaniae 47

ANONYMOUS (1730) 57
   27. Warning to a Poet 58

ANONYMOUS (1733) 59
   28. In Obitum Josephi Norris 60

WILLIAM DAWSON (1704-1752) 62
   29. In Obitum Johannis Randolphi 63

NATHANIEL GARDNER (1719-1760) 65
   30. Carmen Watsianum 66
   31. The Teacher 67

WILLIAM LOWRY (fl. 1741) 75
   32. Illustrissimo Viro Georgio Thomae 76
   33. De Morte Andreae Hamiltonis 81

J. F. (1748) 85
   34. On the Arrival of Lieutenant-Governor
       James Hamilton 86

BENJAMIN YOUNG PRIME (1733-1791) 88
   35. Ad Reverendum Joannem Maltby 89
   36. Ad Reverendum Aaronem Burr 90
   37. Dies Judicii 96
   38. Ad Dominum Nostrum Iesum Christum 97
   39. Elegia Davidica 99
   40. Goliae Casus 100

JOHN BEVERIDGE (1703-1767) 104
   41. Ad Jac. Inncoium, V. D. M. 105
   42. Ad Nathanael Gardner 106
   43. Ad Gulielmum Shirley, Nov-Angliae
       Gubernatorem 108
   44. Ad Eundem 109
   45. Ad Nat. Gardner 111
   46. Ad Gul. Shirley, cum rediret ab Oswego 112
   47. Johanni Lovell 114
   48. Ad. Johan. Lovell 116
   49. Ad. Rev. Jonathan Mayhew 117
   50. Ad. G. Shirley, Insularum Bahamicarum
       Praefectum 118

JOHN LOVELL (1710-1778) 120
   51. Ad Johannem Beveridge 121
   52. Ad Provinciae Prefectum 123

EDWARD HOLYOKE (1689-1769) 125
   53. Adhortatio Praesidis 126

STEPHEN SEWALL (1734-1804) 128
   54. Hail George III! 129
   55. On the Death of George II 130
   56. On the New Sovereign 133
   57. Nocte Cogitata 134
   58. Cantici Canticorum Capitis Quarti Versus 135

JAMES BOWDOIN (1726-1790) 137
   59. On George II and George III 138

JOHN WINTHROP (1714-1777) 139
   60. The Transit of Venus 140

FRANCIS BERNARD (1712-1779) 141
   61. The Future Glories of the American Muse 142

NOV-ANGLUS (1762) 144
   62. Pax Bello Potior 145

WILLIAM HOOPER (1742-1790) 147
   63. In Obitum Roberti Kennedy 148

H. (WILLIAM HOOPER ?) (1764) 150
   64. In Obitum Josiae Crockeri 151

ANONYMOUS (1771) 153
   65. To Governor Dunmore 154

ANONYMOUS (1772) 156
   66. To Governor Dunmore 157

ANONYMOUS (1773) 159
   67. To Governor Dunmore 160

ANONYMOUS (1773) 161
   68. Non Domi 162

ANONYMOUS (1774) 163
   69. Solis Invocatio 164

ANONYMOUS (1775) 166
   70. In Geo. Washington 167

JOHN PARKE (1754-1789) 168
   71. On Colonel John Haselet, Who Fell
       at Princeton 169
   72. Praise of Horace. 169

ANDREW CROSWELL (1709-1785) 170
   73. In Memoriam Rebeccae Croswell 171

JAMES ROSS (1743-1827) 172
   74. In Carolum Nisbet Convalescentem 173
   75. In Obitum Caroli Nisbet...................... 174
   76. Three Poets in Three Ages 176
   77. In Obitum Mariae Ross 176
   78. In Obitum Gulielmi Thomson 177
   79. Victoria Neo-Aureliana 179
   80. In Memoriam Joannis Andrews................ 183

ANONYMOUS (1789) 185
   81. Effigies Elihu Yale 186

JOHN CAREY (1789) 187
   82. "I have found out a gift for my fair" 188

B. A. (JOHN CAREY ?) (1792) 189
   83. On the Fifteen American States 190

WILLIAM COCHRAN (1795) 191
   84. Ad Principem Edvardum 192

ANONYMOUS (1804) 194
   85. Deplorans Mortem Alexandri Hamiltoni.......... 195

L. (1806) 197
   86. Prosopopoeia Umbrae 198

ANONYMOUS (1805) 201
   87. Lines for a Statue of Somnus 202

ANONYMOUS (1805) 203
   88. De Variolae Vaccina......................... 204

MACCARTHY (1806)............................. 205
   89. Americano Roscio 206

A. (1806) 207
    90. Britannia Victrix 208

A. (1807) 210
    91. Ad Calendas Januarias, MDCCCVIII 211

A. (1808) 212
    92. Ad Julium 213

ANONYMOUS (1808) 214
    93. Elegia Collins Latinis Reddita Versiculis 215

ANONYMOUS (1808) 217
    94. Hyems Convivio Sublevanda 218

ABBÉ ETIENNE BERNARD ALEXANDRE VIEL
(1736-1821) 219
    95. Excerpt from the *Telemachias* 220

ANONYMOUS (1809) 221
    96. Versio Latina 222

ANONYMOUS (HENRY COGSWELL KNIGHT)
(1788-1835) 223
    97. Ad Aedem Episcopalem Cantabrigiensem 224

LOUIS HUE GIRARDIN (LOUIS FRANÇOIS PICOT)
(1771-1825) 226
    98. Excerpts from the *De Monomachia* 227

STEPHEN THEODORE BADIN (1768-1853) 232
    99. In Mortem Joseph Hamilton Daviess 233

EDMUND DORR GRIFFIN (1804-1830) 235
    100. Columbus 236
    101. Vanished Glory 239
    102. A Dream of Greece 242
    103. De Summa Coeli Regione 247

JOHN C. FISHER (1820) 252
    104. Carmen Seculare 253

SAMUEL WILSON (fl. 1800-1825) 256
    105. Vir Probus Laudibus Effertur 257
    106. Ad Diem Natalem Libertatis Americae
          Septentrionalis 257
    107. Jacksoni Victoria prope Urbem
          Aureliam Novam 259
    108. Viro Clarissimo Fayetto 261
    109. Ad Horatium Holleium 263
    110. Deo Optimo Maximo, Omnium Parenti 264
    111. Ad Diem Natalem Libertatis Americae
          Meridionalis 266

NOTES TO THE POEMS 267

INDEX OF POETS 293

INDEX OF FIRST LINES 295

Introduction

This is the first anthology of American Latin verse ever to be published. European Neo-Latin verse of course had its florilegia as early as four centuries ago;[1] moreover, in the last decade it has enjoyed ever more impressive collections, like those by Binns (1974), Laurens (1975), Nichols (1979), Perosa and Sparrow (1979), and McFarlane (1980).[2] That an anthology of American Latin verse has not appeared earlier seems in part at least a consequence of a long-standing indifference to the country's Latin writing, despite the fact that in origin it is sister to the European, or better, the British, muse, and despite the fact that it includes quite estimable efforts. To be sure, these may not rival the effusions of a Marullus, Buchanan, Sarbiewski, Milton, and an illustrious gallery of others, but they do afford a glimpse, as I have pointed out in my *Census* (p. 205), of a not insignificant literary accomplishment in the New World.

In over twenty years of searching I have found some 350 Latin poems, composed mainly in New England between 1625 and 1825, a period apparently of greatest productivity. A fair number of poems seem not to have survived, while still others may well have eluded me. Some two-thirds of the poems have authors' names attached or determinable. The writers include clergymen, educators, political figures, men of affairs, poets, and students.

The largest group of poems is elegiac in nature; they deal with themes of death and misfortune. Next come the "occasional pieces," usually of a political, historical, or commemorative nature. Lyric poems follow, on a wide variety of secular and religious subjects. Lastly, there are narrative and descriptive pieces, translations, and parodies. The American poet seems not to have felt himself restricted as to subject matter.

The Latinity of the poems in large part is intended to be classical, though on occasion a poet will allow departures from traditional syntax, diction, and word order. A number of the 350 pieces found obviously represent unrevised drafts. For the most part writers endeavored to produce poems couched in the ancient quantitative measures — though prosodic laws sometimes suffer — but compositions in accentual verse were also attempted.

Echoes of classical Latin poets and of the Scriptures are widely evident in the poems, but I have not attempted regularly in the notes to provide identification of the sources.

It is not within the scope of this anthology to analyze the extent of the American debt to individual European Latin poets, or to compare the merit of two centuries of American Latin writing with that of over five hundred years of Old World Latin composition, or to contrast the American verse achievement in Latin with that in the vernacular. Such investigation may well be the province of one who will undertake a history of American Latin literature.

American Latin poems are preserved in a variety of sources, in manuscripts, old books and pamphlets, broadsides, early magazines and newspapers, and even on tombstone surfaces, all of which seem occasionally to harbor doubtful or erroneous readings, and a curious punctuation.

It is from the body of Latin poems described above that I offer the pieces in this anthology; they are selected on the basis simply of literary merit. Not all may approve this criterion. There are relatively few American Latin poems at hand, however, and I do not enjoy the luxury, for example, of Perosa and Sparrow (pp. xxvi-xxvii) who, drawing up their compilation from the vast numbers of Renaissance verse, include poems or extracts of lesser merit if they possess a certain "historical or psychological interest," or if they help to provide "a panorama of the European scene."

As to the texts of the poems presented here, most of them up to now having made only their original appearance, they are as good as I can make them, always going to the earliest source or to a critical edition, if available. Corrections, since the sources are chiefly newspapers and magazines, needed every once in a while to be made, and I have indicated those of any consequence in the notes. Some lines doubtless may need yet further improvement. I have regularly retained spellings of the originals, except where obvious typographical error is present. I have not hesitated to modernize or improve punctuation, but for a number of lines I confess to a lingering unease. In the uncertain and inconsistent matter of capitalization of common nouns, I have employed the lower case. I do not capitalize initial letters of lines except where a sentence begins or a proper noun occurs. Finally, in the matter of underscorings, the practice of early times is so confused and irregular that I have avoided reproducing them.

Poets gave Latin titles to their works or none at all. In the latter case I have provided English titles.

I am much indebted to the staffs of many libraries, listed in detail in my *Census*, for various courtesies. Primarily the resources of the Newberry Library and the American Antiquarian Society have allowed this work to be carried to completion.

To Professor Jozef IJsewijn of the University of Louvain, distinguished figure in the world of Neo-Latin scholarship, I offer my warm thanks for his continuing interest and aid. To Lawrence V. Ryan, Joseph S. Atha Professor of Humanities at Stanford University and editor of *Neo-Latin News*, I express my appreciation for numerous kindnesses. Neither scholar has any responsibility for this work's imperfections.

To Pegasus Ltd. of St. Gallen, Switzerland, and to its energetic financial officer, Ms. Rhoda Schnur, I am deeply indebted for assistance of a vital sort.

My wife for her help this score of years has my boundless gratitude.

---

[1]Nichols has pointed out (p. 655) that the "making of anthologies of Neo-Latin poetry is a tradition as old as the poetry itself."

[2]See the interesting review comments of Leonard Forster in *Notes and Queries* of December, 1981, pp. 503-33.

[3]In only the first two decades of the seventeenth century, some 130 volumes of British Latin verse appeared.

Bibliography

Appleton — *Appleton's Cyclopedia of American Biography.*

Beveridge — John Beveridge, *Epistolae Familiares et Alia Quaedam Miscellanea*.... Philadelphia, 1765.

Binns — James Wallace Binns, *The Latin Poetry of English Poets.* London, 1974.

Bradner — Leicester Bradner, *Musae Anglicanae: A History of Anglo-Latin Poetry, 1500-1925.* New York, 1940.

Catholic Encyclopedia — *The Catholic Encyclopedia.* 15 vols. New York, 1907-1912.

Census — Leo M. Kaiser, "A Census of American Latin Verse, 1625-1825," *Proceedings* of the American Antiquarian Society, XCI, 2 (1981), 197-299.

DAB — *Dictionary of American Biography.*

DNB — *Dictionary of National Biography.*

Duyckinck — Evert A. and George L. Duyckinck, *Cyclopedia of American Literature.* 2 vols. New York, 1855.

EAL — *Early American Literature.*

Evans — Charles Evans, *American Bibliography.* 14 vols. New York and Worcester, 1903-1959.

Gummere — Richard M. Gummere. *The American Colonial Mind and the Classical Tradition.* Cambridge, Mass., 1963.

IJsewijn — Jozef IJsewijn, *Companion to Neo-Latin Studies.* New York, 1977.

Jantz — Harold S. Jantz, *The First Century of New England Verse.* Worcester, 1942; repr. New York, 1962.

Kaiser — Leo M. Kaiser, "Thirteen Early American Latin Elegies: A Critical Edition," *Humanistica Lovaniensia,* XXIII (1974), 346-81.

Kaiser 1963 — Leo M. Kaiser, "John Beveridge, Latin Poet of Two Worlds," *Classical Journal,* LVIII (1963), 215-25.

Laurens — Pierre Laurens and Claudie Balavorne, *Musae Reduces: Anthologie de la poésie latine dans l'Europe de la Renaissance*. 2 vols. Leiden, 1975.

Lemay — J. A. Leo Lemay, *A Calendar of American Poetry in the Colonial Newspapers and Magazines and in the Major English Magazines through 1765*. Worcester, 1972.

Magnalia — Cotton Mather, *Magnalia Christi Americana*. Edited by Thomas Robbins. 2 vols. Hartford, Conn., 1853; repr. New York, 1967.

McFarlane — I. D. McFarlane, *Renaissance Latin Poetry*. Manchester, Eng., 1980.

Morison, *Founding of Harvard College* — Samuel E. Morison, *The Founding of Harvard College*. Cambridge, Mass., 1935.

Morison, *Harvard College* — Samuel E. Morison, *Harvard College in the Seventeenth Century*. 2 vols. Cambridge, Mass., 1936.

National Cyclopedia of American Biography — *National Cyclopedia of America Biography*. 60 vols. New York, 1898-1979. Index volume, Clifton, N. J., 1979.

Nichols — Fred J. Nichols, ed. and trans., *An Anthology of Neo-Latin Poetry*. New Haven, 1979.

NLN — *Neo-Latin News*.

Perosa — Alessandro Perosa and John Sparrow, *Renaissance Latin Verse: An Anthology*. Chapel Hill, 1979.

Pietas — *Pietas et Gratulatio Collegii Cantabrigiensis apud Novanglos*. Boston, 1761.

Sibley — John Langdon Sibley, *Biographical Sketches of Graduates of Harvard University*. 3 vols. Cambridge, Mass., 1873-1885. Continued by Clifford K. Shipton as *Sibley's Harvard Graduates: Biographical Sketches of Those Who Attended Harvard College*. Vols. 4-17. Cambridge, Mass., 1933-1975.

Tyler — Moses C. Tyler, *A History of American Literature, 1607-1765*. 2 vols. New York, 1880.

Wilson — Samuel Wilson, *Chelys Hesperia: Carmina Quaedam Anniversaria et Alia.* Lexington, Ky., 1825.

William and Mary — E. M. Counsell, ed., "Latin Verses Presented by Students of William and Mary College to the Governor of Virginia, 1771, 1772, 1773, 1774," *William and Mary College Quarterly,* series 2, X (1930), 269-74.

*The Poets
and
Their Poems*

WILLIAM MORRELL
c. 1590 - after 1626

A native of England, Morrell attended Magdalene College, Cambridge. As an Anglican clergyman, he went to Massachusetts in 1623 with the company sent out by the Plymouth council under the command of Capt. Robert Gorges. He had a commission from the ecclesiastical court to exercise superintendence over the Massachusetts churches. The attempt by the company to form a settlement at Weymouth failed, but Morrell remained a year at Plymouth out of curiosity about the country. Upon his return to England he published in 1625 his Latin poem *"Nov-Anglia"* along with his English verse translation of it.

The Latin poem, some 300 lines long, is written, as Tyler observes, in "good Oxford Latin of the period, and in versification that is blameless." The very free English version is of little help with the Latin and is often harsh and obscure. Morrell's closing thought is that Christians must provide help for the benighted Indians.

See Duyckinck I, 2; Tyler 1880: I, 271-74; *DNB*.

WILLIAM MORRELL
c. 1590 - after 1626

1 Nova Anglia

Hactenus ignotam populis ego carmine primus
te, Nova de veteri cui contigit Anglia nomen,
aggredior, trepidus pingui celebrare Minerva.
Fer mihi numen opem, cupienti singula plectro
5 pandere veridico quae nuper vidimus ipsi,
ut breviter vereque sonent modulamina nostra
temperiem coeli, vim terrae, munera ponti,
et varios gentis mores, velamina, cultus. . . .

The Land

Magna parens tellus, rerum communis alumna,
10 frigida sicca gravis subsidens vallibus imis,
montibus extendens nemorosa cacumina celsis,
longius intuitu nautis pergrata, feraci
irriguoque solo, laetanti messibus aequis
optima frugiferis mandantes semina sulcis.
15 Agricolis quam terra ferax, quae grata ministrat
assiduis alimenta viris! nulloque serenti
dulcia dat variae naturae mora nucesque
dissimiles, placidas tumidasque in vitibus uvas
innumeris, mixtas redolentes floribus herbas
20 multigenis, morbo laesos medicare potentes
artus, radices similis virtutis amoenas.
Vimine gramineo nux subterranea suavis
serpit humi tenuique flavo sub cortice pingui

et placido nucleo nivei candoris ab intra,
25 melliflua parcos hilarans dulcedine gustus,
donec in aestivam Phoebus conscenderit axem.
His nucleis laute versutus vescitur Indus;
his exempta fames segnis nostratibus omnis;
dulcibus his vires revocantur victibus almae.
30 Arboribus dives vernantibus est quoque tellus:
cedris et fagis, iuglandibus et Iovis alta
arbore, fraxinea, gummosis pinibus, alnis,
iuniperis multisque aliis, tum gramine et herbis,
pascua quae prebent animalibus, unde fugaces
35 pinguescunt cervi, vulpes, ursique lupique,
linces et fibri, musci lutraeque politae
pellibus eximii pretii, volucresque saporis
perplacidi variae, pellique gruesque palumbes,
mergulus et Phasianus, anas, cignus Iovis ales,
40 Penelopesque columbae, perdix accipitresque,
et Capitolii aves variae tum carne sapora,
tum pennis placide decorantibus arte canautas,
e quibus ornatu capitis fit plumula digna
vertice sublimi, quibus ad renovanda levanda
45 languida perplacidum completur membra cubile.
Intima frugiferae vix cognita viscera terrae
praetereo: artifices gremium scrutentur opimum.
Dulce solum caelumque vides; en terra serenis,
perspicuis, placidis, levibus liquidisque beata
50 fontibus, et fluviis facili quaerentibus Eurum
motu, praecipiti cursu post flumina nimbos
in mare decurrunt....
Prospera tranquillus contingit littora portus,

altus, apertus, ubi valeant se condere naves
55 invitis ventis securae rupe et arena.
Aequora multiplices praebent tranquilla marinas
temporibus solitis praedas utentibus hamis:
halices fabros scombros cancrosque locustas,
ostrea curvatis conchis, conchasque trigones,
60 cete, etiam rhombos, sargos cum squatina, asellos.
His naves vastas onerat piscator honestus,
his mercator opes cumulat venerabilis almas,
his pius ampla satis faciat sibi lucra colonus. . . .

The Indians

Sunt etenim populi minimi sermonis et oris
65 austeri, risusque parum saevique superbi,
constricto nodis hirsuto crine sinistro,
imparibus formis tondentes ordine villos,
mollia magnanimae peragentes otia gentes,
arte sagittifera pollentes, cursibus, armis
70 astutae, recto robusto corpore et alto
pellibus indutae cervinis frigora contra
aspera. . . .
Rex tenet imperium poenas et praemia cunctis
constituit, dat iura, senes viduasque pupillos
75 et miseros curat, peregrinos molliter omnes
excipit hospitio semper, tamen inde (tributi
nomine) primitias rerum, partemque priorem
venatu captae praedae capit atque requirit.
Cingitur obsequio regis plebs omnis et ultro
80 arma capit fortique facit sua proelia dextra,
pallida lethiferis faciens praecordia telis

```
     hostium, et expugnans sceleratis fata sagittis. . . .
     Consuetudo tamen populis his foemina ut omnis
     omnia perficiat duri mandata laboris;
 85  arva fodit manibus, committit semina terris,
     utque seges crescit levibus fulcitur ab illa
     continuo terris, segetem sarritque resarrit,
     tergore portat onus victumque labore paratum,
     et breviter peragit mulier conamine prompto
 90  omnia ad humanam spectantia munera vitam.
     Hinc Anglos Indi stolidos dixere maritos
     cum videant operis ferventes omnibus illos,
     attamen uxores omnem deducere vitam
     molli vel nullo fungendi munere dextra. . . .
 95  Litera cuncta licet latet hos, modulamina quaedam
     fistula disparibus calamis facit; est et agrestis
     musica vocis iis, minime iucunda, sonoris
     obtusisque sonis, oblectans pectora, sensus,
     atque suas aures artis sublimis inanes. . . .
100  Mosque diis Indis est inservire duobus,
     quorum mollis, amans, bona dans, inimica repellens
     unus: amore bonum venerantur; at invidus alter,
     diros effundens cum turbine fulgura, nimbos,
     afficiensque malis variis morbisque nefandis
105  et violentis; hunc gelida formidine adorant. . . .
```

PHILIP VINCENT

1600 - after 1637

Born in Yorkshire, England, Vincent studied at Peterhouse, Cambridge. After ordination in 1625 he served as pastor at Surrey till 1629. Upon the death of his wife in 1630 he began a wandering existence, travelling in Guiana, Italy, Germany (where he experienced the plague and the siege of Heidelberg), and the Netherlands. He acquired an M.D. degree in this period. During the Pequot Indian War of 1637 he was in New England; after which he returned to England to write an account of the war. Prefixed to that account is the present Latin poem, signed "P. Vincentius," celebrating victory over the Indians in April, 1637.

See Appleton; *DNB;* Jantz, pp. 269-70.

PHILIP VINCENT
1600 - after 1637

2   Ad Lectorem
Authoris carmen εὐχαριστικον de Victoria hac Nov-Anglica, 1637

Ducit in Americam varios gens Angla colonos,
  et bene conveniunt sidera, terra, solum.
Ast ferus hoc prohibet, solis vagabundus in arvis,
  insolitoque aliquos, incola, Marte necat.
5 Quod simul invitas crimen pervenit ad aures
  Angligenum, irato murmure cuncta fremunt.
Tunc laesi justa arma movent hostemque sequuntur,
  struxerat haud vanis qui munimenta locis.
Invadunt vallum palis sudibusque munitum —
10   pax erit: hoc uno solvitur ira modo.
Undique concidunt omnes, pars una crematur:
  post, caesi aut capti, caetera turba luit.
Utraque laetatur Pequetanis Anglia victis,
  et novus 'aeternum hic figimur' hospes ait.
15 Virginia exultat, vicina Novanglia gaudet,
  signaque securae certa quietis habent.
Plaudite qui colitis Mavortia sacra nepotes,
  et serat incultos tutus arator agros.
Quae novus orbis erat, spiranti numine, Lector,
20   Anglia nascetur, quae novus orbis erit.

JOHN WILSON

c. 1588 - 1667

Wilson was born at Windsor, England, studied at Eton, where he achieved recognition for Latin writing, and graduated from King's College, Cambridge in 1610, M.A., 1613. He became pastor at Suffolk. In this period he began the writing of *A Song of Deliverance for the Lasting Remembrance of Gods Wonderful Work,* which he published at London in 1626. It contained a number of English pieces and brief Latin poems on the Gunpowder Plot and on the defeat of the Spanish Armada. At the age of forty-two he came to Boston in the great fleet with John Winthrop and his associates of the Massachusetts Company to establish the colony and become the town's first pastor. He accompanied the expedition against the Pequot Indians as chaplain, and went with the Indian apostle John Eliot on his visits to the native settlements. He was said to have written enough English verse to have filled a folio volume, but most is unknown. His workman-like Latin poems with anagrams written in New England consist of elegies. One hopes his lost Latin poem to Governor Peter Stuyvesant may one day be found.

See *Magnalia* I, 302-18; Appleton; Tyler 1880: I, 271; *DAB;* Kenneth B. Murdock, *Handkerchiefs from Paul* (Cambridge, Mass., 1927); Morison, *Founding of Harvard College,* pp. 224-26; Jantz, pp. 14-15, 279-81; Leo M. Kaiser, "John Wilson's Poem on the Armada," *Seventeenth Century News,* XXIV (1966), 55.

JOHN WILSON
c. 1588 - 1667

3 In pientissimum reverendissimumque virum Johannem Harvardum, e suggesto sacro Caroloensi ad coelos evectum, ad alumnos Cantabrienses [sic] literatos poema.

Johannes Harvardus: Anagr. Si non — ah! — surda aure.

    En, mihi fert animus Patroni nomine vestri
      (si non — ah! — surda spernitur aure) loqui.
Sic ait.

    Me Deus, immenso per Christum motus amore,
      ad coelos servum jussit abire suum.
    Parebam, monituque Dei praeeunte parabam
      quicquid ad optatum sufficiebat opus.
5   Me, licet indignum, selegit gratia Christi
      fundarem Musis qui pia tecta piis,
    non quod vel chara moriens uxore carerem,
      aut haeres alius quod mihi nullus erat,
    haeredes vos ipse meos sed linquere suasit
10   usque ad dimidium sortis opumque Deus.
    Me commune bonum, praesertim gloria Christi,
      impulit, et charae posteritatis amor,
    sat ratus esse mihi subolis, pietatis amore
      educet illustres si schola nostra viros.
15 Haec mihi spes, vita morienti dulcior olim,
      me recreat, coeli dum requiete fruor.
    At si degeneres liqueat vos esse — quod absit! —

  otia si studiis sint potiora bonis,
 si nec doctrina nec moribus estis honestis
20 imbuti, fastu non leviore tamen,
 grata sit aut vobis si secta vel haeresis ulla,
  vos simul inficiens, vos, Dominique gregem,
 haec mihi patrono quam sunt contraria vestro,
  atque magis summo displicitura Deo.
25 Nec tamen ista meo sic nomine dicier opto,
  mens quasi promittat non meliora mihi!
 Gaudia coelorum vix me satiare valerent
  si tanta orbatus speque fideque forem.
 Ille Deus vobis vestrisque laboribus almam
30 et dedit et porro suppeditabit opem.
 Ejus in obsequio sic, o sic, pergite cuncti
  ut fluat hinc major gloria lausque Deo.
 At si quis recto male sit de tramite gressus,
  quod David et Solomon et Petrus ipse queat,
35 hic sibi ne placeat, monitus neque ferre recuset,
  in rectam possint qui revocare viam.
 Sic grati vos este Deo, vestrique labores
  quos olim in Christo suscipietis erunt.
 Utque vetus meruit sibi Cantabrigia nomen,
40 sic nomen fiet dulce feraxque novae.

4 Thomas Shepardius
Anagr.: Paradisus hostem?

Heu, Paradisus alit sanctis infantibus hostem,
    quos baptizari praecipit ipse Deus?
Quos Deus ambabus clemens amplectitur ulnis,
    non sinet in gremio tingier ille suo?
5 Annon pro sanctis ecclesia mater habebit,
    quos sancti sanctos vox ait esse Dei?
Hoc Deus avertat! Non sic Shepardius olim,
    non sic quae moriens scripta reliquit aiunt.
Non sic doctores celebrat quos sanctior aetas,
10   Anglia quos celebrat prisca simulque nova.
His utinam sanctis Deus ipse laboribus almam
    e superis clemens suppeditaret opem!
Qua sine doctores non ulli, scripta nec ulla,
    errores possunt carnificare malos.
15 Jus confirmabas puerorum, Christe, tuorum,
    a gremio vellent cum revocare tuo;
surgito lactantesque tuos defendito ab hoste
    qui vellet laudes cumque perire tuas.

5   Johannes Nortonus
Anagr.: Nonne is honoratus?

Nonne is honoratus? Deus ipse coronat honore
   servum, cum periit, non pereunte suum.
Abstulit Enochum translatio mira, sed ejus
   in coelis decorat pulchra corona caput.
5 Qui nobis subito raptus miser esse videtur
   forsitan ignaris, vivit at usque Deo.
Vivit et in coelis cumulatus honoribus amplis
   regnat in aeternum, sic ait ipse Deus.
Mors inopina potest Jobi cito perdere natos,
10   sors quibus in superis inviolata datur.
Multa prius passi Moses Aaronque fuere,
   tempus et ante suum jussus uterque mori.
Quid si non licuit Canaanem visere? Tanto
   celsior in coelis cessit utrique locus.
15 Curribus ignitis Elias raptus; at illis
   ad summi vehitur culmina summa poli.
Esto. Sit in bello Josias victus et ictus,
   mortuus in pace est non pereunte tamen.
Funera non unquam mage lamentanda Sioni,
20   Josiae nunquam gloria major erat.
Quem deflent homines, Deus optimus auget honore;
   his dolor, ast illi gloria summa fuit.
Si caput amisit gladio resecante Johannes,
   ejus honor Christo judice quantus erat!
25 Sit Stephanus lapidem licet obrutus ictibus, illum
   Christus in amplexus traxerat inde suos.
Christus et ipse fuit quam dira morte peremptus,

at sequitur tantam gloria quanta crucem!
Sic Deus ut Christum, sic Christus honore coronat
30   eximio, quibus est gloria chara Dei.
Qualis erat noster syncero corde Johannes
cui, nisi quae Christi, chara fuere nihil.
Hoc scio nemo negat, nisi veri testis et aequi
non velit esse; bonos consule sive malos.
35   Pro Samuele olim contestabantur et omneis
hunc qui pro meritis vix coluere suis;
vel siquis forsan magis invidet ejus honori,
hinc cumulus crescet major honoris ei.

ELIJAH CORLET

c. 1610 - 1687

Corlet, born in London, was a graduate of Lincoln College, Oxford, and Pembroke College, Cambridge. He arrived in New England about 1642 and became master of the Cambridge Grammar School. Cotton Mather, whose stammer Corlet helped correct, in the *Magnalia* calls him "that memorable old schoolmaster... from whose education our college and country has received so many of its worthy men." It is not surprising that two surviving Latin poems by Corlet exude at every turn reminiscences of Horace, Ovid, and Vergil. In his English elegy on Corlet, Nehemiah Walter (1663-1750) employs elaborately used figures and classical allusions to suggest his deep classical learning.

See *Magnalia* I, 351-52; Morison, *Founding of Harvard College*, p. 373; Jantz, pp. 35, 192-93; Harrison Meserole, *Seventeenth-Century American Poetry* (New York, 1968), pp. 464-66.

ELIJAH CORLET
c. 1610 - 1687

6 Epitaph for Thomas Hooker

Si mea cum vestris valuissent vota, Nov-Angli,
  Hookerus tardo viserat astra gradu.
Te, reverende senex, sic te dileximus omnes,
  ipsa invisa forent ut tibi jura poli.
5 Morte tua infandum cogor renovare dolorem,
  quippe tua videat terra Nov-Angla suam.
Dignus eras, aquilae similis, renovasse juventam
  et fato in terris candidiore frui.
Tu Domus Emanuel, soror augustissima, mater
10 mille prophetarum, tu mihi testis eris;
te testem appello, quondam Chelmsfordia caelis
  proxima, te praeco sustulit ille tuus,
non tulit haec Chalcas, arcis Phoebique sacerdos,
  non populo sperni sic sua sacra videt.
15 Vidit et ex rostris genti praedicere vatem
  bella, quod in Christum tota rebellis erat.
Quem patria exegit ferus hostis episcopus; hostis
  hunc minus in Batavis vexat amara febris.
Post varios casus, quassata, Nov-Anglia, tandem
20 ramifera inde tibi diva columba venit.
Ille tuos coetus ornat pascitque fideles,
  laudibus innumeris addit et ille tuis.
Dulcis amicus erat pastorque insignis et altus
  dotibus, eloquio, moribus, ingenio.
25 Proh pudor! ereptum te vivi vidimus, et non

excessurae animae struximus insidias —
insidias precibus lacrymisque perennibus, unde
semita coelestis sic tibi clausa foret.
Sed frustra haec meditor!
30 Lustra per Hookerus ter quinque viator erat, jam
coelestem patriam possidet ille suam.

7 In obitum luctuosissimum viri vere generosi, pii, plurimisque aliis nominibus honorandi, Johannis Hull Armigeri, cum dignitate pari degentis in summo dynastarum Nov-Anglorum ordine. Dum vixit, pius.

Nec ver perpetuum voluit Deus esse, perennem
noluit aestatem, sed et autumni quoque tempus
cedere, qui jussit ver aestatemque coronam,
flores et fruges deponere, cumque nivali
5   vinclo ut tristis hyems constringeret omnia; quo me
fert animus vereor ne tu quoque, terra Nov-Angla,
experiare vices anni, cui praeteriere
floribus ornatum ver et tua frugibus aestas.
Quamque diu autumni nobis inimica fuere
10 tempora, dum proceres dives sanctosque prophetas
innumerosque pios, messem nec adhuc satis amplam
ipse Deus reputans, demessuit; unde Nov-Angli
nostratem hunc procerum comitem sociumque fidelem
lugent, quem Deus hinc jam nunc subduxit in altum.
15 Aethera conclamant: 'Merito lugendus es, Hulli.'
Unus de fulcris ad propugnacula fixis
fixus eras; populi suffragia demeruisti;
tot tantisque tuis virtutibus emicuisti
moribus a puero ingenuis te novimus omnes;
20 signa dedit pubes jam tum virtutis adultae,
cumque annis succrevit et hinc praelusit honori.
Gratus honos populi, sed longe gratior illo
est virtutis honos: hoc te celebravit honore
plebs pia, quem norunt vitiorum labe carentem,

25 correptumque sacrae studii virtutis amore,
    sollicitum, siquis, fidei populique salutis.
    Sed quid ego? quod iners ausim, sine divite vena
    ingenii, cedo? Sed non sine crimine cedam
    ingratae mentis, sua si praeconia laudis
30 supprimo, cum mihi per quasi ter duo lustra fuisset
    dulcis amicus et hinc rerum tutela mearum,
    quique bonos alios mihi conciliavit amicos;
    vestibus et nummis animum relevavit egentis,
    sic cymbam prohibens tenuem mihi mergier undis.
35 Sed tamen ingratus, mihi dulcis amice, videbor,
    si tua in angusto rerum benefacta mearum
    limite concludam: tua facta benigna fuere
    pauperibus, viduis, charisque parentibus orbis
    subsidio ingenti. Ah, quanto res publica damno
40 mulctatur! quantis haec tristia tempora damnis
    rebus in angustis mulctantur, cum Deus ipse
    nostris infensus vitiis hunc sustulit ad se,
    hunc justumque piumque piis Christoque fidelem,
    ut sit in aeternum cum sanctis incola coeli.
45 Sic fuit autumni facies tibi, terra Nov-Angla;
    o si non nobis concrescant frigore brumae
    res sacrae et celebres, sed nobis gratia Christi
    perpetuo servet sanas atque inviolatas!

CHARLES CHAUNCY

1592 - 1672

Chauncy was born in Hertfordshire, England, and graduated from Trinity College, Cambridge. He became professor of Hebrew and Greek there, and held several pastorates before coming at the age of forty-six to New England, where he served as pastor at Plymouth and Scituate. After the death of John Cotton and Samuel Hooper there was little question that Chauncy was the first scholar in New England. Upon the decision of the Overseers of Harvard, Chauncy was inaugurated President of the College on 27 November 1654. No innovator, he was content during his eighteen years in office to follow in the footsteps of his predecessor. He was an enthusiast for humane letters. In England Chauncy, who according to Cotton Mather spoke "Latin of a Terentian phrase," had occasionally composed both Greek and Latin verse, four examples of which have survived, for such occasions as weddings and funerals. His New England versification seems limited to three poems, two of which are presented here.

See *Magnalia* I, 463-76; Tyler 1880: I, 221-26; *DAB;* Morison, *Harvard College,* I, 320-39; Jantz, p. 116.

CHARLES CHAUNCY
1592 - 1672

8   Novae Angliae Lamentatio

Heu, me nunc caecam quis ducet filius, orbam
   luminibusque binis quae mihi nuper erant?
Hookerum extinctum deflens ecclesia vidit,
   Winthropum res nunc publica lapsa videt.
5 Hic velut alter erat Moses, ille alter ut Aaron:
   hic Zarubbabel, Jesus ut ille fuit.
Non me Naomi, sed nunc me dicite Maram,
   nam dedit omnipotens pocula amara mihi.
Nam quae Pandorae pixis, quae Lerna malorum,
10   quae nobis properat durius alter equus?
Vere independens iam nunc Neo-Anglia dicor:
   non est spes terris pendeat unde mea.

Abstulit una dies, qualem nec multa tulerunt
   secula, nec vereor secula multa dabunt.

9   On the Death of John Davenport

Parce, Deus, populique tui miserere cadentis:
    parce ministerio, si miserere gregum.
Dispergentur oves pastores percutiendo:
    Pastorum Pastor, respice, Christe, tuos.
5 Oh quantum graviterque accensa est Numinis ira,
    verbi si Domini sit malasuada fames!
Oh quam terribiles Deus exardescit in iras,
    cum Davenportum sustulit ex medio!
Quam validam templi modo diruit ille columnam!
10 Tecta ruunt, cecidit cum Jachin atque Boaz.
Scripturae interpres fidus fuit atque peritus:
    linguarum sensum calluit et criticen.
Quique juventutis ductor doctorque probatus,
    fundamenta docens indubitata probe.
15 Preco Boanerges, Hollandia et Anglia novit
    ut quoque et ex scriptis fama solennis erit.
Et bonus ex fructu cognoscitur usque propheta:
    mirum est quot natos protulit ille Deo.
O nos indignos, qui tanta luce fruamur!
20 Inque sinus lachrymae fluminis instar eunt.

PETER BULKELEY
1583 - 1659

A fellow of St. John's College, Cambridge, and a clergyman in England for twenty years, Bulkeley came to Cambridge in the New World at the age of fifty-two to escape, like Charles Chauncy, the vexations of Archbishop William Laud. In 1636 "he carried a good number of planters with him further in the woods," as Mather remarks in the *Magnalia,* where they established the town of Concord, and where Bulkeley served as pastor till his death. Only four of his Latin poems have survived of the many Mather said "are yet in our hands," but they show, in Mather's words, "a competently good stroke," in Jantz's words, a "fine virility and trenchant phrase."

See *Magnalia* I, 399-404; Duyckinck I, 45; Tyler 1880: I, 216-18; *DAB;* Jantz, pp. 12-13.

PETER BULKELEY
1583 - 1659

10 Elegy on John Cotton

Dives eras donis etiamque fidelis in usu,
   lucratus Domino multa talenta tuo.
Multus eras studiis multusque laboribus: uno
   te fora, templa, domus, te cupiere frui.
5 Multa laborabas scribendo, multa docendo,
   invigilans operi nocte dieque Dei.
Multa laborabas scribendo, multa ferendo,
   quae nisi Cottono vix subeunda forent.
Tu non unus eras, sed multi; multus in uno,
10 multorum donis praeditus unus eras.
Uno te amisso, multos amisimus in te,
   sed neque per multos restituendus eris.

11 On an Earthquake

Ecce Dei nutu tellus pavefacta tremiscit,
   terra tremens mota est sedibus ipsa suis.
Nutant fulcra orbis, mundi compago soluta est,
   ex vultu irati contremit ille Dei.
5 Contremuit tellus, imis concussa cavernis,
   ponderibus quanquam sit gravis illa suis.
Evomit ore putres magno cum murmure ventos,
   quos in visceribus clauserat ante suis.
Ipsa tremit tellus scelerum gravitate virorum,
10 sub sceleris nostri pondere terra tremit.

O nos quam duri! Sunt ferrea pectora nobis;
   non etenim gemimus cum gemit omne solum.
Quis te non metuit, metuit quem fabrica mundi
   quemque timent caeli terraque tota tremit.
15 Motibus a tantis nunc tandem terra quiescat,
   sed cessent potius crimina nostra precor.

12   On His Birthday

Ultimus iste dies mensis, mihi primus habetur;
   quo coepi lucem cernere primus erat.
Septuaginta duos annos exinde peregi,
   atque tot annorum est ultimus iste dies.
5 Praeterito veteri jam nunc novus incipit annus:
   o utinam mihi sit mens nova, vita nova!

13   On His Old Age

Pigra senectutis jam venit inutilis aetas;
   nil aliud nunc sum quam fere pondus iners.
Da tamen, alme Deus, dum vivam, vivere laudi
   aeternum sancti nominis usque tui.
5 Ne vivam (moriar potius!) nil utile agendo:
   finiat opto magis mors properata dies;
vel doceam in sancto coetu tua verba salutis,
   caelestive canam cantica sacra choro.
Seu vivam moriarve, tuus sim, Christe, quod uni
10   debita vita mea est, debita morsque tibi.

ABRAHAM PIERSON

1609 - 1678

Pierson was born in Yorkshire, England, and graduated from Trinity College, Cambridge in 1632. He was ordained to the ministry of the established church, but became non-conformist, and at the age of thirty-one emigrated to New England, and held various pastorates in Massachusetts, Long Island, Connecticut, and New Jersey. In Connecticut he ministered to the Indians in their own language. His son Abraham became first President of Yale College. One English poem of Pierson survives, a sincere but awkward elegy on the death on 7 January 1658 of Governor Theophilus Eaton of New Haven Colony, to which he appended the six lines of forceful Latin presented here.

See *Magnalia* I, 397-98; Appleton; *DAB;* Jantz, p. 35.

ABRAHAM PIERSON
1609 - 1678

14   On the Death of Theophilus Eaton

Quid magistratum decuit quod defuit illi?
Ingenio, mente et memori, linguaque suavi,
judicioque animae, sophia quis praestitit illi?
Extitit in tantis quam rara modestia donis!
5 Hunc nostrae nobis noxae eripuere; futurae
quis scit an haec praeeant dirae praesagia cladi?

MICHAEL WIGGLESWORTH
1631 - 1705

Wigglesworth was only seven years old when his family removed to New England from Yorkshire, England. For two years he studied only Latin under Ezekiel Cheever. He graduated first in his class from Harvard in 1651, where for a while he was a tutor. He received his A.M. in 1656 and became pastor at Malden, Mass., and also practiced medicine. It is probable that in 1684 he was asked to consider accepting the presidency of Harvard, but declined for reasons of health. He is best known for his English poems, *The Day of Doom, God's Controversy with New England,* and *Meat out of the Eater,* his surviving three bits of Latin verse totalling only a dozen lines, marked however by a simple and direct art.

See Sibley I, 259-86; Tyler 1880: II, 23-35; *DAB;* Jantz, pp. 49-51.

MICHAEL WIGGLESWORTH
1631 - 1705

15 On His Misery

Ira premit, peccata gravant, afflictio frangit;
   omnia sub coelo me quoque destituunt.
Aeger, inops, orbus, curarum pondere fessus,
   corpore languescens, deficiens animo,
5 obruor adversis; succedunt imbribus imbres,
   meque simul feriunt ventus et unda minax.

16 The Wrath of God

Quod Deus omnipotens regali voce minatur,
quod tibi proclamant uno simul ore prophetae,
quodque ego cum lachrymis testor de numinis ira,
tu leve commentum ne ducas, lector amice.

LEONARD HOAR

c. 1630 - 1675

Hoar, not yet in his teens, came with his widowed mother from Gloucestershire, England, to Braintree in Massachu-Setts. He received his A.B. from Harvard in 1650, and M.A. in 1653, and then returned to England where he was rector at Wanstead, Essex. After studying botany and medicine, he received a "Doctor of Physick" from the University of Cambridge in 1671. He returned to New England, and before the end of July, 1672, within a month of his arrival, he was chosen President of Harvard by the Board of Overseers to succeed the deceased Charles Chauncy.

Despite Hoar's ambitious plans for Harvard, student unrest wrecked his administration, as Morison has vividly described, and he resigned in March, 1675, dying eight months later. His literary output is represented by the single poem offered here.

See Sibley I, 228-52; Morison, *Harvard College*, II, 390-414.

LEONARD HOAR
c. 1630 - 1675

17 Harvard College

En regis magni diploma insigne Jacobi,
    quo data in Hesperiis terra colenda piis!
Regum illustre decus, premat ut vestigia patris,
    Carolus innumeris regibus ortus avis
5 supplicibus diploma novis dedit, unde coloni
    protenus arva colunt et sata laeta metunt.
Sed neque cura minor juvenum cultura, et alumnis
    Musarum Harvardi est munere structa domus;
patroni, patres, et cum rectoribus almis,
10   cura, consiliis, muneribusque fovent.
Unde favente Deo in sylvis Academia surgit,
    heu, quam non similis matribus Anglicolis.
Non matrona potens, ut vos, sed sedula nutrix;
    vivet in obsequiis matribus usque suis.
15 Si nos amplecti prolemque agnoscere vultis,
    quae vestrae suboli gaudia, quantus honos!
Pingitur his tabulis studiorum messis, honores
    pro merito juvenum munere more dati.
Inter victrices lauros tibi, Carole, serpat,
20   quae spica est segetis, quam tibi sevit avus.
Macti estote pii juvenes, atque edite fructus
    condignos vestro semine, Rege, Deo.

ELEAZAR

d.c. 1678/9

Its official charter of 1650 had dedicated Harvard to "the education of English and Indian youth." Moreover, the second building on the College grounds was called the "Indian College." The Indian youth Eleazar belonged to the Class of 1679, but did not graduate, although his Latin elegy on the Rev. Thomas Thacher (and the appended two Greek couplets) attest to the efficacy of one part of his schooling. No information seems to exist regarding Eleazar's later career. Perhaps death shortened his studies.

See Morison, *Harvard College,* I, 196, 357; Jantz, p. 207.

ELEAZAR
d.c. 1678/9

18   In Obitum Viri Vere Reverendi
D. Thomae Thacheri

Tentabo illustrem tristi memorare dolore,
    quem lacrymis repetunt tempora nostra, virum.
Memnona sic mater, mater ploravit Achillem,
    justis cum lacrymis cumque dolore gravi.
5 Mens stupet, ora silent, justum nunc palma recusat
    officium. Quid? Opem tristis Apollo negat?
Ast, Thachere, tuos conabor dicere laudes,
    laudes virtutis, quae super astra volat.
Consultis rerum dominis gentique togatae
10   nota fuit virtus ac tua sancta fides.
Vivis post funus, faelix post fata; jaces tu,
    sed stellas inter gloriae nempe jaces.
Mens tua jam caelos repetit, victoria parta est;
    jam tuus est Christus, quod meruitque tuum.
15 Hic finis crucis, magnorum haec meta malorum;
    ulterius non quo progrediatur erit.
Crux jam cassa manet; requiescunt ossa sepulchro;
    mors moritur; vitae vita beata redit.
Quum tuba per densas sonitum dabit ultima nubes,
20   cum Domino rediens ferrea sceptra geres.
Caelos tum scandes, ubi patria vera piorum;
    praevius hanc patriam nunc tibi Jesus adit.
Illic vera quies, illic sine fine voluptas,
    gaudia et humanis non referenda sonis.

WILLIAM ADAMS

1650 - 1685

A native of Ipswich, Massachusetts, Adams graduated from Harvard in 1671. For three months thereafter he lived in the house of Urian Oakes, President of the College, probably to study divinity. Subsequently he served as pastor at Dedham for twelve years, though little is known of his ministry beyond a few published sermons. When Oakes died in 1681, Adams composed the present elegy and inscribed it on the fly leaf of his copy of Oakes' *The Sovereign Efficacy of Divine Providence*. His only other Latin verse was a couplet attached to his incompletely preserved English elegy on Harvard student Seth Flint. Adams' short life likely forestalled other works of a capable Latin muse.

See Sibley II, 380-87; Jantz, p. 87.

WILLIAM ADAMS
1650 - 1685

19 **Carmen funebre in obitum viri pluribus nominibus venerandi Uriani Oakesii doctissimi gymnasiarchae, necnon ecclesiae Cantabrigiensium pastoris fidelissimi, qui postquam in utroque munere sedulam navasset operam, placide tandem quievit in Iesu, Iulii 25, 1681.**

Tristia narrantur, miris ferit ictibus aures
mors inopina meas; totos pavor occupat artus,
attonitum reddens animum. Sed nonne fefellit
vox aures? Aures animum? Num dicere vera
5   fama potest? Heu, vera potest ac dira profari!
Mortuus est Praeses; tremor ima per ossa cucurrit.
Proh Cantabrigiae, proh musis lethifer annus!
Nigrescunt, Harvarde, tuae prae luctibus aedes;
flebile vos aulae, campanae flebile lingua
10 murmurat exanimis, respondent flebile muri.
Quis cohibere potest lachrymas? Cui lumina sicca?
Laesi ferventem plangamus numinis iram.
Quale poema potest satis exornare sepulchrum,
Oakesi venerande, tuum? Componere carmen
15 quis nostrum poterit defuncto Praeside dignum?
Obscurant raras exilia carmina laudes;
hoc munus fateor captum superare virilem:
angelicis par haec calamis provincia dura.
Huic ego rectori praeconia debita docto
20 non sum solvendo; in magnis voluisse sat esto.
Marmoreis condi tumulis insigne cadaver,

marmoreis tabulis inscribi nomina debent,
omine faelici data nomina, non data casu:
caelestis praeco, quem recte Uranius audit,
25 caelesti sermone potens, ciet ille procellas
peccantis cordi velut alter aquosus Orion.
Huic fulsere Urim, Urijah benedictus, et iste
mirus flagranti radiabat lumine doctor.
Ac veluti quercus pollebat robore firmo,
30 robustis precibus vincens hominesque Deumque.
Et multi placide sub ramo ac tegmine quercus
sese oblectabant recubantes carpere fructus
quos tulit illa frequens, distillans roscida mella.
Iam percussa iacet, divina excisa securi;
35 robur cum patulis ramis, cum tegmine fructus
fugerunt. Hominis — nec opus sit ut amplius addas —
nascitur et moritur, plena est historia vitae.
Heu, quam vanus homo! Memor esto tu brevis
   aevi:
pallida prae foribus Mors est. Resipisce repente,
40 vive hodie, ne sera nimis sit crastina vita.

SAMUEL SEWALL

1652 - 1730

Sewall was nine years old when his family came to the New World from England. After receiving his A.B. from Harvard in 1671, he tutored undergraduates there for a time, later becoming a merchant. He was a judge at the Salem witchcraft trials in 1692, a role he regretted later. Ultimately he was appointed Chief Justice of Massachusetts. The *Diary* he kept for so many years is a vast storehouse of political and social material, and with his *Letterbook* preserves the many verse scraps in Latin that were occasioned by all sorts of events and were sent usually to friends for comment and appreciation. The scraps, to be sure, are more impressive in their quantity than their quality, suffering much from rapidity of composition.

See Tyler 1880: II, 99-103; Sibley II, 345-64; *DAB;* W. Lawrence Thompson, "Classical Echoes in Sewall's *Diaries,* 1674-1729," *New England Quarterly,* XXIV (1951), 374-77; Gummere, pp. 76-96.

SAMUEL SEWALL
1652 - 1730

20 Occasional Verse

Desine, Belshazzar, templo Omnipotentis abuti:
proxima fatalis nox sine fine tua est.

21 On the Burning of the Quebeck Cross

Gallica crux aequam flammam sentire coacta est:
ista salus fallax igne probata perit.
Idolum nihil est: restat de stipite longo
nescio quid cineris, quem capit urna brevis.

22 Inscription for a Book

Auris, mens, oculus, manus, os, pes munere fungi
dum pergunt, praestat discere velle mori.

ANONYMOUS

1715

In time perhaps the identities of the "unknown poets" herein may become known. The writer of the elegy on Bridge, preserved somewhat ironically on a broadside where the slips are nakedly evident, was likely a student. His effort, however, deserves commendation for the vigorous rhetorical questions, the imagery, the wealth of classical reminiscence, and the obvious sincerity of feeling.

See Sibley V, 17-25, where the broadside is reproduced.

ANONYMOUS
1715

23 In luctuosissimum obitum
doctissimi reverendissimique magistri
Thomae Bridge
Ecclesiae de Bostonia Pastoris fidelissimi, pie ac placide
in Domino defuncti, 26 Septrs 1715. Aetatis 59.

    Siccine jam lachrymas justum sed flebile munus
        pendimus ecce rogo, vir honorande, tuo?
    Siccine quo me fata trahunt? comes esse dolori
        cogor, et in funus esse poeta tuum?
5   Hei mihi, quid dicam? quo carmine funera plangam?
        Cura levis loquitur, quae gravis, illa stupet.
    Hei mihi quas oculis lachrymas, quas ore querelas
        fundam? quis elegis terminus iste meis?

    Aer terra polusque gemant, gemat aequor et aether,
10   imbribus effusis omnia plena fluant.
    Squalida luctifico tundantur pectora planctu:
        pellantur subito gaudia cuncta procul.

    Proh dolor! O pietas, dotum cui copia bonum
        nobilitans animum contigit, ecce fuit
15 os verax, mites oculi patiensque laborum
        corpus, cor placidum, dextra benigna bonis.

    Frons hilaris, faciles aures pectusque fidele,
        sermo pacificus, lingua diserta fuit;
    faelici ingenii superavit acumine multos.
20   Urbanior credo non fuit alter homo.

Arbor erat ramos quae quantum expandit in auras,
   tantum radices deprimit illa suas.
Sedit in ore lepos, circum praecordia candor,
   et duxit vitam quo datur usque piam.

25 Vos quibus est luctus moderatior, aptaque doctis
   Musa vero scriptis, pangite qualis erat.
Quo non dignus erat mundus? Quis sanctior illo
   fautor et exemplar qui pietatis erat?

Musa, datum lachrymis satis est, jam parce labori;
30   nec tepido molles pollue rore genas.
Supprime jam gemitus, non est revocandus in auras
   quem semel optatae cimba salutis habet.

Aspera sors fateor, sed amicum flemus ademptum,
   non velut amissum; sit minor ergo dolor.
35 Corporis haec moles animae socianda resurget,
   nunc licet informi contumuletur humo.

Ille praeit; fixo dein tempore quisque sequemur:
   illa semel cunctis meta terenda venit.
Intereant tandem cineres; post busta superstes
40   gloria clarorum vivet in ore virum.

JAMES LOGAN
1674 - 1751

Born in Ireland, Logan was tutored intensively in Latin and Greek before he was thirteen by his Edinburgh-trained father at the latter's school in Bristol, England. When his father returned to Ireland, James was left in charge of the school at age nineteen. He became William Penn's secretary in 1699, and in September sailed with Penn for Pennsylvania.

In Pennsylvania Penn made him Secretary of the Province. In the succeeding fifty-two years he had a vigorous career in politics and the judiciary, although the last four years he devoted mainly to study, botany being his chief interest. He wrote treatises in Latin on the generation of plants and on optics, and corresponded with European scholars. In his sixties he published a translation of the *Dicta Catonis* and Cicero's *De Senectute*. His personal library contained a higher proportion of classical authors than any other of the time. His place in the American classical tradition is a distinguished one.

See Frederick B. Tolles, *James Logan and the Culture of Provincial America* (Boston, 1957); Edwin L. Wolf, "The Classical Languages in Colonial Philadelphia," in *The Classical Tradition in Early America*, ed. John W. Eadie (Ann Arbor, 1976), pp. 58-65.

JAMES LOGAN
1674 - 1751

24 On the Death of His Infant Daughter, Rachel

Sis abrepta licet tenerum ceu frigore germen,
    vita orbata prius quam videare frui,
at patris et matris duro praecordia tangit
    ictu discessus, chara puella, tuus.
5 Non tulit eloquii certas aetatula vires
    ut posses animi prodere sensa tui;
at tulit ingenii jam parturientis imago
    posset ut indubiis mille patere modis.
Blanditiae, amplexus molles, lususque jocique,
10   et simulatae irae et non simulatus amor,
inque patrem tener affectus, quem vincere morbi
    aut Lethi instantis non valuere vices—
haec te pectoribus figunt, charissima, nostris,
    uem . . . . . poterit nulla abolere dies.
15 Nulla dies umquam haec memori de pectore tollet
    parva sed affectus pignora certa tui.
Corporis exuvias jam jam positura parabas
    laeta iter extremum, jam subitura polos.
Quum dudum fixos tenuisti jus in ocellos
20   quo patri posses dicere 'Chare, vale,'
fixos discedens torsisti dulcis ocellos
    hisque patri visa es dicere, 'Chare, vale.'
Et tremula in charam flexisti lumina matrem
    dicere quo posses, 'Tu quoque, chara, vale.'

25 Jamque valedicto, haec aeterno lumina somno
        condis et exanimi corpore tota fugis.
     Tu quoque, chara, vale, modo nata parentibus infans:
        laetitiae et luctus causa perennis eris.
     Chara puella, vale! Solamina rapta parentes
30   lugent quae poteras reddere viva. (Vale).

25 Votum pro Vita et Morte

   Nec vitam averser quamvis sit origo dolorum,
      nec mortem, cunctis sit licet illa gravis.
   Perficiam at fatis obluctans strenuus illam:
      hanc adventantem fortis et intuear.
5 Aequus et inconcusso animo complectar utramque,
      et mihi sit par seu vivere sive mori.

THOMAS MAKIN

1665 - 1733

Makin was born in England and taught Latin there. He was among the early settlers of Philadelphia, and in 1690 became headmaster of the Friends' Grammar School, the present William Penn Charter School, where he achieved notable success over sixteen years in making a genuine institution of learning. In later years he was reduced to extreme poverty, poverty that James Logan sympathized with in a letter to him, that yet pointed out that servants of the Muses usually suffer want. Evidence of correspondence in the Historical Society of Pennsylvania indicates that Makin composed original Latin verse and made translations of it, in the hope of securing "some small reward" from patrons. Robert Proud, who later taught Greek and Latin at Makin's school, claims that Makin wrote "chiefly for amusement." His obituary in the *Pennsylvania Gazette* of 29 November 1733 states that on 26 November while drawing a pail of water he fell off a wharf into the Delaware River and drowned.

See Robert Proud, *History of Pennsylvania* (Philadelphia, 1797-1798), II 360-73; Duyckinck I, 68; Joseph Jackson, *Encyclopedia of Philadelphia* (Harrisburg, Pa., 1932), III, 866-67.

THOMAS MAKIN
1665 - 1733

26 Descriptio Pennsylvaniae, Anno 1729

Haec habet et regio memorabile nomen habebit
   auctior auctoris tempus in omne sui;
qui fuit illustri proavorum stemmate natus,
   sed virtute magis nobilis ipse sua.
5 Praecipue illustrem sua se sapientia fecit;
   vixit apud claros dignus honore viros.
Qui quamvis obiit, tamen usque memoria vivet,
   nominis atque sui fama perennis erit.
Semper honos nomenque suum laudesque manebunt
10   hujus qui terrae nobilis auctor erat.
Haec sua proprietas; hinc Pennsylvania primum
   haec fuit ex domini nomine dicta sui,
rege sibi Carolo concessa suisque Secundo
   pro claris meritis officioque patris.
15 Zonae terra subest alternae, ubi veris et aestus,
   autumni gelidae sunt hiemisque vices.
Hic ter quinque dies numerat longissimus horas,
   cum sol in cancro sidere transit iter.
Hic tamen interdum glacialis frigora brumae
20   et calor aestivus vix toleranda premunt.
Saepe sed immodicum boreale refrigerat aestum
   flamen, et australis mitigat aura gelu.
Hic adeo inconstans est et variabile caelum,
   una ut non raro est aestus hiemsque die.
25 Saepe prior quamvis nitido sit sole serena,

  postera fit multis imbribus atra dies.
Vis adeo interdum venti violenta ruentis,
  ut multa in sylvis sternitur arbor humi.

Hanc fera gens Indi terram tenuere coloni;
30 moribus at nunc est mitior usque bonis,
pacis amans, Anglis concordi foedere juncti,
  cura quibus pactam non violare fidem.
Hi fugiunt rixas et noxia semina litis,
  et leges ultro justitiamque colunt.
35 Hi spernunt artes durum fugiuntque laborem;
  hos vacuos curis libera vita juvat.
Hi venatores sylvas et tesqua frequentant,
  quaerentes ubi sit praeda reperta ferae,
unde sibi pelles epulaeque parantur inemptae;
40 utile sunt pelles, merx pretiosa bonum.
Devia rura diu longe lateque pererrant,
  et bene nota sibi semper ubique via est.

Durior interea exercet vigilantia nuptas,
  officium quibus est farra parare domi.
45 Hae bajulant fasces graves humerisque pusillis,
  et longum faciunt nunc patienter iter;
nunc findunt lignum fissoque ex vimine corbes
  texunt: has urget sedulus usque labor.
Nunc hae corna legunt et humi nascentia fraga,
50 nunc pisces capiunt insidiis et aves.
Indorum juvenes ullum gustare liquorem
  non licet — exemplar nobile — praeter aquam.
Mollibus in lectis Indi requiescere nolunt,
  nunc humus est lectus, nunc sibi nuda teges.
55 Pellibus antiquo qui more fuere ferinis

    induti, nunc est gausape vestis iis.
Semper et incedunt capitis velamine nudi,
    sed sutae pelles crura pedesque tegunt,
et quamvis cutis est fuscae color omnibus idem,
60   forma decora tamen corporis estque vigor.
Hi lenocinium fugiunt et scorta pudici:
    foedera conjugii non violare solent.
Hos docet ore loqui facilis natura diserto;
    linguae grande-loquens est idioma suae.
65 O gens Indorum, vos terque quaterque beati,
    nulla quibus requiem sollicitudo vetat!

Non regio haec Indos armis subigendo tenetur,
    sed certa emptori conditione data est;
vivitur hic igitur tuto sine militis usu,
70   et sibi securus propria quisque tenet.
Hic locus est multis felix, ubi sedibus aptis
    sors optata dedit non sine pace frui.
Dira sed infelix, heu, bella Nov' Anglia sensit,
    Indis quae semper gens malefida fuit.
75 Sed semel hic rumor mendax clamavit 'Ad arma,'
    incola cui nimium credulus omnis erat.
Haec malesana die fuit acta tragoedia quadam,
    cum convenerunt undique turba frequens,
scilicet ut major fieret commotus in urbe,
80   notior et multis rumor ubique foret.
Usque adeo fuit hac confusus in urbe tumultus,
    ut neque tunc leges, ordo nec ullus erat;
hic removere sua instanti properabat ab hoste,
    ille nihil contra jussit ab urbe vehi.
85 Sed quodcunque sibi voluit dementia talis,

haec damno multis est memoranda dies.
Vespere sed tandem fuit hoc stratagema retectum,
fabula tunc istam finiit acta diem.

Fertilis hic frugum tellus optataque rerum
90   usibus humanis copia semper adest.
Hic bene cultus ager laetis ornatur aristis,
et solito messis tempore fervet opus.
Quaevis sylva feris et piscibus amnis abundat,
fertque suum fructus quaelibet arbor onus.
95   Hic oviumque greges errant armenta boumque,
errat et hic proles multiplicata suum.
Hic saliunt damae, lepores celeresque sciuri,
quae sunt immunis praeda cuique ferae;
hic latet in sylvis ursus, panthera lupusque,
100   qui pecus innocuum saepe vorare solent.
Hic habitat latebras furto notissima vulpes,
callida quae praedam nocte dieque capit;
rarior at nunc haec proles inimica futura est,
quae segetive nocent lanigerove gregi.
105   Lex fuit hic etenim tales bene cauta necandi,
erret ut in sylvis tutius omne pecus.
Amphibia hic et non desunt animalia quaedam,
terra quibus vitam praebet et unda parem;
merx quorum pelles tantum venalis habetur,
110   utile non aliquod turpe cadaver habet.
Hic avis est quaedam dulci celeberrima voce,
quae variare sonos usque canendo solet.
Hic avis est quaedam mimima et pulcherrima plumis,
sugere quae flores usque volando solet,
115   unde fugam muscae in morem properare videtur,

  tanquam non oculis aspicienda diu.
Hic avis est quaedam rubro formosa colore,
  gutture quae plumis est maculata nigris.
Hic avis est repetens, *Whip, Whip, Will,* voce jocosa,
120 quae tota verno tempore nocte canit.
Hic et aves aliae, quotquot generantur ab ovis,
  scribere jam quarum nomina inane foret.
Innumerae volitare solent hic saepe columbae,
  unde frequens multis obvia praeda datur.
125 Hic aestate solet, tanquam aere gaudeat alto,
  tollere se ex summis saepe acipenser aquis,
qui salit ac resilit toties — mirabile visu —
  in cymbas ingens praeda aliquando cadit;
regius hic piscis minime pretiosus habetur,
130 rarior est at ubi, carior est et ibi.

Fossores varias hic invenere fodinas,
  unde metalla patent quae latuere diu.
Floribus hic sylvae variis ornantur et herbis,
  in quibus et virtus et medicina latet.
135 Hic muscae quaedam tanquam lampyrides alis
  aestiva nitidis undique nocte volant.
Hic lapis est Magnes, quo non pretiosior ullus,
  per latum nautis qui mare monstrat iter.
Hic lapidis linum pars assimilare videtur,
140 quae non exusta est nec fit in igne minor.
Sed merx praecipue, regio quam praebet emendam,
  est venale quidem semper ubique bonum:
scilicet omne bonum Cereris quod copia praebet,
  quodque onus hic multis navibus esse solet.
145 Hujus fama loci multos alicunde vocavit,

      libertas quibus est dulcis amorque lucri.
    Huc alienigenae veniunt venientque quotannis,
      omnibus usque adeo libera terra placet.
    Censibus hic nemo nimium vexatur iniquis,
150   unusquisque rei pro ratione licet.
    Hic venatori sylvas licet ire per omnes,
      quamque capit praedam vendicat esse suam.
    Omnibus hic etiam capiendi copia pisces,
      retibus aut hamis quolibet amne datur;
155   qualis in Europa concessa licentia non est,
      commoda ubi curat quisque tenere sua.

    Per maris huc primum venere pericla Britanni,
      deinde alii patriam deseruere suam.
    Adveniunt multi, Germana et Hibernica proles,
160   quos huc saepe nimis navis onusta vehit.
    Hanc terram sibi non acquisivere Britanni,
      si licet externis omnibus esse locum.
    Sed quanto fit agri major cultura quotannis,
      hinc tanto rerum copia major erit.
165   Arboribus scissis tellurem scindit arator;
      nascitur hinc sparso semine laeta seges.
    Dulcis aquae per rura fluunt hic undique fontes,
      unde pecus gaudet pingue levare sitim.
    Florida limosae fiunt hic prata paludes;
170   terra ferax est quae nuper eremus erat.

    Legislatores, electi ad jura quotannis,
      conveniunt quoties constituenda libet.
    Publica nostra salus aequo moderamine legum
      servatur, leges dantque cuique suum.

175 Quisque suo meritas hic dat pro crimine poenas;
    lex parcit nullis intemerata reis,
Atque magistratus juste recteque gerendi
    quique potestatem jusque minister habet,
    sed licet imprimis ideo lex ipsa statuta est
180   puniat ut vitium justitiamque colat,
heu, quoties, virtus legis corrumpitur auro,
    pauperis et quovis judice causa perit!
Eloquar an sileam? si quando pecunia desit,
    lex perit et nihili justus habetur inops.
185 Si tibi lis fuerit cum quovis aurea dante
    plurima — crede mihi — munera, victus eris!
Aerea cum Danaen inclusam turris haberet,
    semper ut infelix innuba virgo foret,
quam facile tegulas prorumperet aureus imber,
190   quid non vis auri vincit amorque Jovis!
Non ergo mirum est hominum si vendere leges
    auri non aequus pectora cogat amor.

Cum fera saevit hiems glacie fluvialis et unda,
    atque latet tellus undique tecta nive,
195 circumclusa ratis, si non foret anchora, fixa est
    dum rigidum solvat mitior aura gelu.
Et quamvis Boreas gelido bacchatur ab arcto,
    inturbata tamen fluminis unda silet.
Ludere jam cessat summis acipenser ab undis,
200   atque alii pisces ima profunda petunt.
Sed glacie rupta lino piscator et hamo
    ex alto pisces gurgite saepe capit.
Usque adeo interdum fuit hic durabile frigus,
    trans fluvium vidi plaustra onerata vehi.

205 Hic tamen interdum totius tempore brumae
   navibus haec amnis pervia praebet iter;
 cymbaque remigio velox veloque frequenter
   advehit et revehit qua via ducit onus:
 usque adeo incerta est hic et variabilis aura,
210 alternasque vices frigus et aestus habent.

 Pulchra duos inter sita stat Philadelphia rivos,
   inter quos duo sunt millia longa viae.
 Delawar hic major, Sculkil minor ille vocatur,
   Indis et Suevis notus uterque diu.
215 Aedibus ornatur multis urbs limite longo,
   quae parva emicuit tempore magna brevi.
 Hic plateas mensor spatiis delineat aequis,
   et domui recto est ordine juncta domus.
 Quinque sacrae hac aedes una numerantur in urbe,
220 altera non etiam distat ab urbe procul,
 ex quibus una alias est quae supereminet omnes,
   cujus nondum ingens perficiatur opus.
 Praecinit hic sacros divina melodia psalmos,
   et vox totius succinit inde chori.
225 Elevet hoc hominum mentes et mulceat aures,
   sed cor devotum psallit in aure Dei.
 Basis huic posita est excelsae firma futurae
   turris, ubi dicunt aera sonora fore.
 Hic in gymnasiis linguaeque docentur et artes
230 ingenuae; multis doctor et ipse fui.
 Una schola hic alias etiam supereminet omnes
   Romano et Graeco quae docet ore loqui.
 Hic spatiosa domus tantae bene convenit urbi,
   in qua quotidie venditur omne penus,

235   hujus et e summis majori voce quotannis
        electus praetor regulus urbis adest.

      Hic portus multis statio est bene nota carinis,
        curvo ubi dente tenax anchora mordet humum.
      Hic mercaturae faciunt plerique periclum;
240   quisque sibi lucrum quaerit ubique suum.
      Artifices adsunt etiam quos exigit usus,
        qui sese exercent qualibet arte sua.
      Multa per hos pendent omnes insignia vicos,
        quod venale domum monstrat habere merum.
245 Nunc sub nave canunt hilares encomia vini
        nautae, nunc tutos anchora fixa tenet;
      nunc sub sole sitim gaudent restinguere siccam,
        nectareum rorem siccus ut ipse bibit.
      Nunc et fonte libet puros haurire liquores
250   qui pretio nullo nocte dieque fluunt.
      Vinea cum patina laetis florente corymbis
        indicat hospitium semper adesse bonum.
      Scribere sed nimis est insignia nomina cuncta;
        quae jam descripsi sint meminisse satis.

255 Providus in morem formicae alimenta reponit
        rusticus hiberni frigoris usque memor,
      aestivo reputans quodcumque labore lucratur,
        quae mox insequitur, longa vorabit hyems.
      Stramine tecta replet Cerealibus horrea donis
260   impiger, et curat condere quicquid habet;
      despicit exoticasque dapes vestesque superbas,
        contentus modicis vivere pace suis.
      Esuriens dulces epulas depromit inemptas,

              et proprio vestis vellere texta placet.
265   Parva humilisque domus, latos quae prospicit agros,
              parta vel empta, sibi sufficit atque suis.
       Utilis est illi, si non opulenta supellex;
              res sapiens omnes utilitate probat.
       O mihi si liceat sylvas habitare beatas,
270   et modico victu non sine pace frui!

ANONYMOUS

1730

The editor of the journal which printed this poem stated in a preface that the poem celebrates "a Gentleman among our selves." An essay accompanies the poem, praising it, the subject, and the unidentified author. Lemay suggests that the poet was possibly one of the Mather Byles circle.

See Lemay, no. 153.

ANONYMOUS
1730

27 Warning to a Poet

Lucida qui novit numeris constringere justis
astra poli solemque perenni ducere cursu,
ille tibi altisono cantandi carmine vires
permisit, dotesque oro tibi adaugeat amplas.
5 Optimus ille parens: at tu resonare memento
illius grato dum vivis pectore laudes;
cumque augusta dabit tibi adire palatia caeli,
aetherea claros cithara cantabis honores
Christi, perpetuo qui solus carmine dignus.

ANONYMOUS
1733

The identity of the author remains a mystery, but he produced a rather conventional poem, marked by classical turns of expression and reminiscences of Ovid and Horace, although several post-classical words occur. The text of the poem is part of "Joseph Norris' Commonplace Book, 1699-1733," in the Huntington Library.

See Leo M. Kaiser, "Three Neo-Latin Studies," *Classical Folia,* XXI (1967), 172-74.

ANONYMOUS
1733

28   In Obitum Josephi Norris

Multa senum juvenumque monet nos funera vivos
    omnes post mortem pulvis et umbra fore.
Pallida mors aequo pulsat pede divitis aulas
    magnificas, humiles pauperis atque fores;
5   et quamvis humiles etiam cum regibus aequat,
    mortales omnes imperiosa rapit.
Flectere nulla potest pietas adamantina Mortis
    tela, sed et pietas vera parata mori.
Cum fera Mors instat, frustra medicina paratur,
10   namque calenturam potio nulla levat.
Dosis forte potest aliquando levare dolorem,
    sed morbi causam non removere potest.
Tabes adsumit paulatim languida vires,
    et mortem properat saepe maligna febris.
15   Perdidit innumeros dirae contagio pestis;
    morte repentina millia multa cadunt.
Non domus et fundus, non aeris acervus et auri
    aegrotis dominis pharmaca ferre valent.
Hic juvenis quidam, cujus modo floruit aetas,
20   aulicus et natu qui generosus erat,
occidit imprimis linguarum doctus et artis;
    ingenio pollens eloquioque fuit.
Vita fuit jucunda suis, sua flebilis et mors,
    et multis aliis queis bene notus erat.
25   Tres illum maesti fratres quatuorque sorores,

      tristis praecipue plorat uterque parens.
Omnibus incerto moriendum est ordine fati,
      occidit interdum filius ante patrem.
Nomine tres fratres Thomas et deinde Johannis,
30   tertius et senior nunc Josephus obit.
Nulli certa manent incertae gaudia vitae:
      vita humana fugax transit ut umbra levis,
arboris ut frondes, fruges et gramina campi
      hortorumque decus frigore dulce perit.
35 Sed ubi fata vocant, pariter juvenumque senumque
      eheu! quam subito vita caduca fugit.
Corpus Josephi, quem nunc ploramus, in urna
      conditur et gelidae pulvere dormit humi.
Pars tamen illius melior super alta perennis,
40   talem speramus, sydera vecta manet.

WILLIAM DAWSON
1704 - 1752

The author of this earliest extant Latin elegy from Virginia may well be the Rev. William Dawson. Dawson received an M.A. from Queen's College, Oxford, then came to Virginia in 1729, became commissary, then professor of moral philosophy at the College of William and Mary. In 1743 he succeeded James Blair as President of the College. Dawson in England seems to have written rather conventional English verse, published only after he was in the New World a half-dozen years. As for other Latin writings, he probably composed the long Latin prose epitaph for the tablet over Sir John Randolph's tomb in the William and Mary College Chapel, and gave the now lost Latin funeral address on the occasion of Randolph's burial.

See *DAB;* Leo M. Kaiser, "The Latin Epitaph of Sir John Randolph," *Virginia Magazine of History and Biography,* LXXVIII (1970), 199-201; Richard B. Davis, *Intellectual Life in the Colonial South* (Knoxville, 1978), 1413-14, 1474-75; Lemay, *passim.*

WILLIAM DAWSON
1704 - 1752

29   In Obitum Honorandi Viri Johannis Randolphi, Equitis

Non ego jam planctu decorem tua funera sero,
    Caesar, nec cineres, magne Philippe, tuos:
Randolphus moritur nobisque salubria cessat
    eloquii grato verba movere sono.
5 Quid juvat innumeris cumulari altaria donis?
    Quid pia fumosis thura micare focis,
omnia si rapiunt nullo discrimine Parcae,
    nec revocant avidas nobiliora manus?
Ah, quoties dixi, "Praeclaris parcite, divi:
10   gloria vos alia de nece magna manet."
Non tamen injustis damnamus fata querelis;
    tristitia ast maestos cogit acerba queri.
Saepe ubi naufragii levis est jactura silebit,
    qui tamen ingentes navita plorat opes.
15 Imprimis luget miseranda Academia nostra
    efferri hic ipso funere visa sibi.
Urbs patrem gemit, orba suum respublica civem,
    atque senatorem muta cathedra suum;
inque omnes partes conjux sua brachia tendens
20   ipsa vocat taciti nomen inane viri,
utque piam thalami subeunt dispendia mentem
    continuo tepidos irrigat imbre sinus.
Sic vidua sterili nemoris sedet arbore turtur,
    comparis aeterno murmure fata gemens.
25 In te forte minor si spes, si fama fuisset,

    de te forte minor nostra querela foret.
Rura semel pinguis quae fluminis unda rigavit,
    dona diu retinent aufugientis aquae;
nos quoque, qui nuper tot chara relinquimus in te,
30   temporis exacti sensus et umbra juvant:
ingenium celsum superas quod scandit ad auras,
    et nitor eloquii more fluentis aquae,
et placidi mores atque asperitate carentes,
    cor tenerum in viduas mensque benigna bonis.
35 Heu, quocunque gradum moestus vel lumina flecto,
    insequitur vultus pallida forma meos,
nec vigor est herbis, nec amoenis gratia silvis;
    jamque silent homines, jamque siletis aves.
Nos pietate tua studiisque fidelibus orbos
40   conficit ambiguis spesque timorque malis.
Insidiae passim fraudesque dolique triumphant,
    et docet exemplo crimina quisque suo.
Tu tamen his socios luctanteis deseris undis,
    causa sit ut gemino justa dolore queri,
45   dum castos inter coetus animasque piorum
    fulgidus aeternae munera pacis habes.

NATHANIEL GARDNER
1719 - 1760

Gardner graduated from Harvard in 1739, taking his A.M. in 1742. For a time he preached in various places. He acquired the reputation of being a wit and a somewhat eccentric genius. He taught French briefly at Harvard, numbering among his charges President Holyoke's son with whom he read *Télémaque* in 1748. From 1750 till his death he taught Latin in John Lovell's South Grammar School in Boston. All the while he associated himself with the Boston literary circle and won some reputation as a poet, though his work is not now to be identified. He maintained literary contacts with others, like John Beveridge, who sent him Latin odes, and to whom Gardner addressed his one major Latin poem. His obituary in the *New Hampshire Gazette* of 11 April 1760 read in part, "Pleasant in Wit and Humor, he soar'd on the Wings of an Eagle.... His face was more beautiful than the Rainbow, and his Thoughts brighter than the Sun."

See Sibley X, 366-68; Morison, *Three Centuries*, p. 81.

NATHANIEL GARDNER
1719 - 1760

30 Carmen Watsianum, Latinis Numeris Donatum
("Shepherds, rejoice, etc.")

Gabriel

Dejecta o tandem sustollite lumina laeti,
    et mala, pastores, jam date vestra notis.
Gaudia genti hominum coelestis nuncius affert:
    Nascitur, en, hodie non peritura salus!
5 Sedibus his felix hodie succedit Iesus,
    quem numen Seraphum flammea turba colunt.
Urbes ingreditur jam nunc novus incola vestras,
    nec tamen is regum more modoque venit.
Non illum exornant Tyrio bis murice tinctae
10   vestes; hunc circum regia nulla nitent.
Vile Deo praesepe dedit cunabula blando:
    haec regum Regem sordida claustra tenent.
Ite, o pastores, puerumque videte jacentem!
    praesepe, en, solium est! en comitesque boves!
15 Ite, o pastores, puero date basia regi,
    dum laetae lachrymae prosiliunt oculis.

Poeta loquitur

Haec cecinit Gabriel divina voce, simulque
    coelestes turmae, laeta corona, canunt.
Et majores canunt, psallunt ac altius, et sic
20   cantibus imposuit laeta corona modum.

Chorus angelorum

Gloria summa Deo, nutu qui temperat orbes!
    Rideat aeternum pax quoque, terra, tibi!
Ter genus humanum felix! Venit ecce Redemptor!
    Quid sit Patris amor, hoc veniente, scies.

Poeta loquitur

25 Quid? chorus angelicus quum cantet talia laetus,
    gens ingrata hominum carmina nulla dabit?
O linguae pereant haerentes faucibus ipsae,
    si cessant laudes tot celebrare Dei!

Chorus hominum

Gloria summa Deo, nutu qui temperat orbes,
30   nosque sua miseros qui recreavit ope!
Talem hominesque simul Cherubes Seraphesque
    canemus:
digna cani ambobus nascitur ipsa salus.

31   The Teacher

O cui dulciloquam permisit Delius ipse
barbiton et doctae pandunt Helicona sorores,
accipe quae numero tenui jam reddere coner
imparia, et scriptum faciles tibi permeet aures.
5   Nostra diu tellus alta sub nocte jacebat,
barbaries atris circum et volitaverat alis
horrida post natos homines. Ille arduus instans,
ille parens rerum, nutu qui cuncta gubernat,
lux oriatur, ait, mea lux per opaca locorum!

10   Et jussu emicuit subito lux laeta per oras.
     Jam suadente Deo, majores rite vocabant
     in sedes has felices artesque benignas
     et felices Musas; jam pulchra scientia ridet,
     et doctrina suos longe diffundit honores.
15   Surgunt, ecce, scholae, collegia, templa per urbes
     saevities qua olim late imperitaverat agris,
     oppida religio et laetum caput extulit inter.
     Quidni ego (quantumvis, fateor, non robore praestans)
     admoveamque manus operi mentemque paratam?
20   Qui formet pueros paucis schola nostra monebo.
     Paeniteat tantum versare modosque loquendi
     et genus et nomen, quaecunque et Lillius egit.
     Majus opus moveam interdum, et majora laborem!
     Interdum doceam quid turpeque quidque decorum,
25   quo sit amore parens, sacrum quo numen amandum,
     quae neglecta quidem et pueris senibusque nocerent.
     Est tantae molis pueriles fingere mentes!
     Mane scholam petimus quum septima ducitur hora.
     Jam campana sonans invitas percutit aures,
30   agmina jam plateis imberbia cernere passim est,
     suspensis humero tarde remorantia peris,
     improba, nugando et gaudentia perdere tempus.
       Principio Deus ille parens in vota vocatur,
     qui genti humanae corpusque animumque creavit,
35   qui formae totique suos afflavit honores,
     conceptum mentis qui conscius inspicit omnem
     necdum formatum, cunctos aperitque recessus.
       Jam prece finita, lecto sermone Deique,
     diversis studiis incumbunt protinus omnes.

40 Prima abs classe novum legitur nunc foedus Iesu;
sic Christus chartae et Graiae discuntur in unum:
purius et latices ipso de fonte bibuntur.
Clara Dei soboles! Aeterni patris imago
unica! Te toto corde amplexamur Iesu!
45 Quid sit patris amor, te descendente, fatemur.
O immensus amor! Non pectora tenuia nostra,
non Seraphum ipsorum penitus comprendere possunt;
grande argumentum pressa sub mente laborat.
En! intus quatitur pectus totumque calescit
50 numine, et in sanctas laudes simul ora resolvo
  Ethnica nunc pueros quoque pagina lecta juvabit
Graecia quam retulit vel quam Romana vetustas.
Caecus at ille senex, a quo ceu fonte perenni
Pieriis huc usque undis vatum ora rigantur,
55 se facilem praebet pueris nostrisque tenendum.
Ingens Maeonides jam nunc ciet ore rotundo
strages atque iras atque omnia fulmina belli,
horribilique acie coelum terrasque fatigat.
  Detinet interdum numerosus Horatius aures
60 ille tuus, tu quem sequeris prope passibus aequis.
Ille simul criticum vatum simul optimus ille
ornatus, tunc quum leviter curare videtur,
atque jocos agitat humili et sermone pedestri.
Ut Musam instituit felix! fingitque poetam,
65 normas atque refert quas discere jussit Apollo.
Gaudia sive lyra molles et dicit amores,
Lydia quem sua non, Chloe quem non tangit amantem?
Sive docet mores et stringit crimina, quis non
vim sentit recti et pulchri maculamque recusat?

70   Nunc, en! Caesar adest, de stirpe creatus Iuli,
     Marte ac Mercurio pollens et utraque Minerva.
     Exarat is calamo quae fortia gesserat ense,
     artibus an melior dubium dicatur an armis.
     Ipse virum, Caesar, victor per et ora volasses
75   dilectus, modo si dira ambitione careres.
     Ambitione, Iuli! quo te perduxit iniquum?
     Ut Bruti gladium persensit pectus amici!
     "Et tu, mi Brute!"
     Impulit at patriae pietas, at dulcis amoenae
80   libertatis amor! Is vulnus vindicat omne,
     et, credo, aeternos sibi praemia poscit honores.
     Libertas! Dea pulchra, feris infesta tyrannis.
     Te, Dea, te circum nascuntur plurima semper
     gaudia, mille virent quoquo vestigia flectis,
85   larga et opes laeto profundit copia cornu.
     Te gradiente etiam vultu subridet amoeno
     aspera paupertas, duros oblita labores.
     Naturae recreas diffuso lumine vultum,
     gratior itque dies melius solesque renident.
90   Allicit et pueros comoedia pura Terenti;
     pagina te appello non usquam purior extat.
     Quis melius mores signat cujusque notatque
     aetatis? Melius quis convenientia cuique
     dat? varias servatque vices operumque colores,
95   Davus sive senem percallens urget avarum,
     sive Thraso miles magnum se jactat in armis,
     scitus et iste Gnatho assentatur, ludit et idem,
     Pamphilus aut fidus dotatam ferre recusat,
     "Iratusve Chremes tumido delitigat ore?"

100 Exercet magnus pueros nunc Tullius ille,
ille pater patriae, Romanae gloria linguae,
laude omni major, Romanae gloria gentis;
quid verum atque decens, quid et utile, quid sit honestum
uberius meliusque docet longe omnibus ille.
105 Eloquii fulmen flammans animumque profundum,
mentem et sublimem, patuit cui quicquid in orbe est,
materiam ingentem! desit mihi copia fandi —
comparem ei ostentat non ethnica tota vetustas.
    Undecima tandem schola jam dimittitur hora;
110 laetentur magis an pueri, dic, anne magister?
Emicat en pubes, laeta os, vaga lumina laeta.
Nec mora longa — brevis requies spatiumque labori —
prima hora pransos studiis campana remittit.
    Ecce Maro primus! Crines lauroque decorus,
115 insignisque tuba bella, horrida bella, sonanti.
"Cedite Romani scriptores! Cedite Graii!"
Quis non attonitus videt heroasque deosque?
Quem non pertentat flamma infelicis Elisae?
Jurgia pastorum teneros vel ludat amores
120 vel dicat "quae cura boum, qui cultus habendo
sit pecori, apibus quanta experientia parcis."
Quaecunque ille canit, canit omnia consule digna.
    Salve, magne Maro! tua dum, divine poeta,
scripta lego ardescoque legens scribensque tremesco.
125 O flammae si parva tuae scintilla, tuaeque
particula, o Maro, nunc mihi pectora tangeret aurae,
altius insurgens animo, majora sonarem,
dicerem et insigni Beverigo digna Camoena.
    Discitur abs aliis Ovidi quoque pagina mollis,

130 omni labe carens, castissima pagina, credas
quam puerive legant, innuptae quamve puellae,
in nova quae dicit mutatas corpora formas.
Taedae donec erunt et tela Cupidinis arcus,
Nasonis late volitabunt scripta per orbem
135 pectori et incauto diffundent dulce venenum.
Improbus at, Naso, es, me judice, doctor amoris,
qui referas Veneris non libera gaudia tantum,
foedera sed solers nuptas violare marita
edoceas artesque viris qui mille nocendi.
140   Verum etiam Aesopus, Corderius et facilis nunc
a minimis porro, quae versu dicere non est,
inferiora quidem sed non spernenda, leguntur,
utpote quae bona sunt, quae mentibus apta tenellis.
  His lectis, varia tandem praxique soluta,
145 quinta cum precibus ludus dimittitur hora.
  Non Arabum illustris princeps, mala sortis iniquae
perpessus (liceat parvis componere magna),
ulcera quem cruciant, daemon, et femina pejor,
sic fractus; nec qui sapientior audiit olim
150 Delphis, tanta tulit per taedia longa diei
quanta ego, defessus ferula, rixis strepituque.
Quo me languentem vertam? Quo gaudia quaeram?
Quid poterit laetum membris renovare vigorem?
Nunc solus meditor nugas, dum compita lustro;
155 chari colloquium nunc curas mulcet amici;
munera nonnunquam capio generosa Lyaei,
simplicis haud lymphae potor — sed jure putaris
carmina nec Bacchum nec Phoebum nostra sonare.
Interdumque vaco per amica silentia noctis

160 vel veterum chartis vel chartis saepe recentum.
Gratia jam Musae debet non parva referri —
o Musa, o requies, curarum o molle levamen!
Nunc avidus relego tua carmina, docte Properti!
Nunc melos atque juvat culti praedulce Tibulli.
165   Aetatis nostrae scriptores saepe revolvo
Anglia quos profert sapiens, vel Gallia jactat.
   Nobilis interdum poscit Boilovias horam,
Gallia majorem quo non jactabat alumnum.
   Addisonum nostrum, ingenti perculsus amore,
170 suaves cui pariter mores versusque fuerunt,
saepe lego, scripta et captus diversa pererro.
Tersum illum Addisonum! quo non praestantior alter
(carmine seu gaudet, modo seu sermone soluto)
dicere vel facta heroum tricasve decoras
175 bellarumque leves animos et inania secli.
   Popium at egregium miror venerorque poetam.
Hic vir, hic est equidem "cui mens divinior atque os
magna sonaturum," "nec Phoebo gratior ulla est
quam sibi quae Popi praescripsit pagina nomen."
180 Quot veneres! Quae mella fluunt! Animi ignea
       quae vis!
Nasonemque simulque suum quam spirat Homerum,
proelia seu miscet confusa virumque deumque,
Marte lacessito, saevis atque intonat armis,
seu formosa dolet raptos Belinda capillos,
185 atque ipsi Veneris jussu tolluntur in auras,
tramite dant longo lucem sidusque refulgent!
   Nonnunquam laeta feriae versantur in urbe;
ni fieret, credas, jam pridem mortuus essem,

tu nec, amice, etiam longa haec fastidia ferres.
190 Nunc, nunc rura peto gaudens, dum tempora vernant,
quum Maii redeunt brumae post frigora soles.
Nunc viret omne nemus, nunc atque arbusta canora
dulce choris avium et resonant virgulta, per agros
omnia nunc rident, nunc formosissimus annus.
195 Quo sine fine feror? Quo Musa et tendis inepta?
Vela legas — veniam des ipse at amice fatenti.
En! En! Littus habet fessos — requiescimus ambo.
Sed genio tu frena dato, tu corde prementi
indulge felixque Deo. Tua carmina mitte
200 jamdudum cupidis, et tandem currere discat
Musa suis pedibus nostras Romana per oras.

WILLIAM LOWRY

fl. 1741

Time seems to have drawn its mists over the figure of William Lowry. In line 79 of his poem on George Thomas, he describes himself as a poet-visitor from abroad. The person, "R. C.," who forwarded Lowry's three poems on Andrew Hamilton to editor Ben Franklin, added the comment, "The too great modesty of the author is, I am told, the reason it has lain so long unpublished." The modest Lowry, however, may very well have kept company with the great of this world, to judge from the subjects of his poems.

See Lyon N. Richardson, *A History of Early American Magazines, 1741-1789* (New York, 1931), p. 34, n. 70; Lemay, no.'s 638, 653, 654, 655, where the name is spelled "Loury."

WILLIAM LOWRY
fl. 1741

32   Illustrissimo et Praestantissimo viro Georgio Thomae, Armigero Pensylvaniae Provinciae, et Agrorum Novicastelli, Cantii et Sussexiae Praefecto. Carmen gratulatorium.

    Candide doctarum praeses, cytharaede, sororum,
    dulcisonam pulsare chelyn cantumque ciere
    mellifluum qui, Phoebe, potes famamque perennem
    condere et Aoniis immittere vatibus oestrum,
5   seu nunc aerii Cynthi per aperta sagitta
    aut volucres pavidas aut cervos figis acuta,
    sive lavas Xantho crines per colla fluentes,
    huc ades et roseo vultu viridique juventa.
    Carmine seu celebras victricia Caesaris arma,
10 Ottomanosve truces, caudas lunasque subactos,
    Hesperiosque feros, Indum ditione superbos,
    irrides, ausos temeraria bella Britannis
    viribus invictis terraque marique movere,
    seu vigilis consulta canis prudentia Fleuri
15 qui placida populos Gallorum in pace gubernat,
    seu innumeras classes recinis quas mittit in arma
    Anglia marte ferox et nescia perdere palmam,
    quae insensos hostes abigant domitentque latrones,
    exspoliare ausos violato jure Britannum,
20 seu placidus celebras Vernoni ingentia facta
    terrifici, qui abigit superatque per aequora Iberos,
    excelsas turres et propugnacula nec non
    oppida cum totis validus prosternere muris,

huc ades, o Pataraee, sacrati carminis auctor,
auratamque lyram defer plectrumque sonorum.
   Nempe Britannorum veterum columenque decusque
Cambrobritannorum antiquo de sanguine Thomas
nobilis, et fama multis memoratus in oris,
militiaeque decus pariter pacisque togatae,
promeritus poscit gratantia carmina Phoebum.
Illustris Thomas, rerum fandique peritus,
quem armipotens, fidum, sapiensque Georgius, alto
consilio princeps, regni qui sceptra coruscat,
praefectum misit populis, quos prodiga rerum
luxuries et pax cum libertate bearunt,
legifer his oris merito sibi carmina dici
postulat egregia, at vulgaria spernit et odit.
   Maeonius veterum per te celebravit Homerus
aeternam heroum famam: fatalis Achilles,
cujus ob immitem rabiem plectuntur Achivi;
magnanimusque ducum Argolicorum dux Agamemnon,
Trojae expugnator, jugulatus conjugis astu;
grandaevus pariter Nestor, Neleius heros,
cui fuit eloquium et suavissima gratia fandi;
aemulus insani Ajacis facundus Ulysses —
ingentes luxere viri patriaeque decori,
quos omnes cecinit divino carmine vates.
   Quid memorem Decios claros fortesque Camillos?
Illustres Gracchos Drusosque parentibus ortos
nobilibus? Fabios, quorum prudentia vicit
Romanorum hostes Poenumque trucem Annibalemque?
Pectore Scipiadas forti, duo fulmina belli?
Fabricios pariter magnos parvoque potentes?

Magnanimos bello rigidos et pace Catones?
55 Quos lituo egregii laudas resonante Maronis,
et lyrico pariter commendas carmine Flacci.
   Nec minus heroes, nostri quos temporis aetas
sera tulit, versu debes celebrare perenni:
Barvicumque ducem, claro qui sanguine regum
60 nobilis ante Philippoburgi moenia celsa
ignivomi cecidit tormenti fulmine, magnus
bellator, moriensque suo se in vulnere versat.
Sydnaeum egregium, qui, te cum Marte docente,
artibus aequaevos doctis superavit et armis.
65 Denique quid referam Churchillum bellipotentem,
bellica quem in tumidos Hispanos miserat Anna,
qui toties rediit spoliis oneratus opimis?
Illustres animas quas clara Britannia ducit?
Magnanimum Eugenium, quem laeta Sabaudia misit
70 in bellum, quo nunc etiam Germania ploret
extincto, lachrymisque madescit Caesaris aula?
Villersum ingentem quem Gallia misit in arma,
quemque animam efflantem vidit gens accola Rheni —
laudibus eximiis omnes et carmine dignos?
75   Nostrum itaque heroem regali jure potentis,
auspicio, externos populos in pace tenentem,
te decet, Arcitenens, sublimia tollere ad astra.
   Quam mihi jam puero in patria, facunde, dedisti,
en ego servo chelyn, peregrinis hospes in oris,
80 festivos tecum plausus geminare paratus
et placidos aptare modos. Viden? Impiger adsta
votis ergo meis, redimitus tempora lauro,
pulchricomus, viridante, favens, modulamine dulci

ne pigeat cytharam plectro pulsare sonoro,
85 mellifluas liquido et voces inflectere cantu.
Quis sit hic et quantus, cane; te recinente, superstes
illius nomen ventorum alata remotas
flabra ferent penitus spectabilis orbis ad oras.
Audiat excelsi geminum declive canentem
90 Parnassi culmen, Pindique cacumina sparsa
velleribus niveis, et Cynthus origine vestra
nobilis, et tecum referant praeconia laudum.
In regem inconcussa fides et nescia flecti
justitia, aequato quae facta examine librat,
95 egregia et pietas, caelo gratissima virtus,
conspicuae in Thoma, sacro sunt carmine dignae.
Provida sedulitas rebusque intenta gerendis
(cum movet et sapiens fortisque Georgius arma
protegat utque suos saevosque lacessat Iberos),
100 suscitat armatas breviter validasque cohortes,
viribus interea totis obstante senatu.
Misit in arma tamen felix provincia Penni
agminis horrifici plus octo centuriones.
Sit nova metropolis semper Philadelphia testis
105 quanta quidem cepit subito admiratio cives
cum videre viros concursu accedere magno,
fortiter inque truces hostes pugnare paratos.
Sedulitas heroa fuit gratissima regi,
versibus eximiis celebranda et Apolline dignis.
110 In miseros animus facilis veniaeque paratus,
et piger ad poenas, pretiosa ad munera velox,
ac verae virtutis honos post fata superstes;
doctrina ingeniosa et magnificentia clara

  et constans animi robur, prudentia cauta,
115 carminis ambrosia Orphaei modulamina poscunt.
   Fluctibus accipiat tumidis et murmure rauco
  dulce melos, Delavar, fluvios pulcherrimus inter,
  auferat Oceanum in vastum; plaususque fragorem
  hinc capiat Thamesis, pretiosis mercibus amnis,
120 qui solet innumeros Anglos ditare quotannis,
  gaudio et afficiat divisos orbe Britannos.
  Suscipiantque sonum septemplicis ostia Nili,
  qui totam Aegyptum stagnantibus irrigat undis,
  Hesperiusque Tagus fulvis turbatus arenis.
125 Sequana percipiat dulcis modulamina cantus,
  laetificans nutrit quos clara Lutetia doctos.
  Stellifer Eridanus sinuatis fluctibus errans
  audiat, et Tiberis celebris qui moenia Romae
  alluit, atque Italos hilarent resonante susurro.
130 Carmine quippe tuo virtus generosa refulget:
  te reticente eadem, Smynthaee, obscura latescit.
   Agricolas ergo alma libertate beatos,
  militia immunes, tranquilla et pace fruentes,
  quos epulis nutrit nova Pensylvania lautis,
135 sistere oportet opus, placidae indulgere quieti,
  festivamque diem celebrare et reddere vota,
  sacra dies quoties anno redeunte resurgit,
  littora qua tetigit portumque advenit eorum
  magnanimi Thomas Regis pia jura daturus,
140 clarorum decus et quos novit America dives.
   Dilectae matres etiam intactaeque puellae
  ad cytharae cantus festas celebranto choreas,
  et promptae mecum memori de pectore grates

persolvant meritas Regi radiantis Olympi,
145 cui visum nobis Proregem mittere tantum,
atque exoremus vitae felicis honores
illustri Thomae et longaevi Nestoris annos.

33 De Morte Luctuosa Celeberrimi Andreae Hamiltonis, Armig., Qui Obiit IV. Augusti MDCCXLI, Elegia. 'Multis ille bonis flebilis occidit' — Hor. (*Odes* 1. 24. 9).

Threnodia Prima

Unde nova haec rerum facies miserabilis? Eheu!
   omnibus excruciat tristia corda dolor.
Ecce viri lugent taciti, lachrymisque decoras
   irrigat assiduis foemina quaeque genas,
5 et manibus crines, per candida colla fluentes,
   dilacerant madidos, unguibus ora simul.
Pectora percutiunt palmis, plangoribus implent
   aethera continuis, fataque dura vocant.
Horrida raucisonis imitantia fulmina bombis
10   balistae ignivomae sulphura nigra cremant,
quales alta globos, ruptis fornacibus, Aetna
   ejicit, ut fluctus in mare retroagit;
artificisque manus solertis desidet omnis,
   cumque novem Aoniis spretus Apollo fugit:
15 haud secus ac pigeat diuturnae tempora vitae
   ducere, quot numerat Pennus in urbe viros.
Exhibet usque adeo tristes Philadelphia scenas
   ut Niniven lachrymis aequiparare queat,
natus Amittaides ceti de ventre propheta

20 cum retulit miseris jussa severa Dei.
 Num metus incessit cives ne forte feroces
  luctifera indigenae bella ciere velint?
 Nunquid praedatum accelerant ferroque peremptum
  omnibus Hispani gens inimica bonis?
25 Num perhibent Britonum imperii columenque decusque
  Vernoni armatas deperiisse rates?
 Vel Carthagenae invisae sub moenibus altis
  Ogle! acies validas interiisse tuas?
 Nil tale infandi moestissima causa doloris
30 quae assiduis lachrymis civibus ora rigat:
 vitales auras liquit facundus Hamilton,
  conteget et tumulus frigidus ossa brevi.

Threnodia Secunda

 Nasonis fletus gemebundi sive Tibulli
  lugubris et querulos praecipe, Musa, modos.
35 Rostrorum ergo decus, Scotorum et gloria gentis
  occidit antiquae justitiaeque tenax?
 Perpetuo ergo silet — damnum irreparabile — lingua,
  melliflui eloquium cui Ciceronis erat?
 Sacra Fides, Jus, et Verum quod fallere nescit,
40 ingenuusque Pudor quando parem invenient?
 Quando senatorem tam doctum ad jura ferenda
  curia comperiet conciliumque patrum?
 Quando adeo celebrem facundae munere linguae
  sentiet exosus litigia orta cliens?
45 Eboracumque Novum et Zenger pro testibus adsint,
  qui procerum implicitus litibus ambiguis;
 magnatum quoniam merito delicta notaret,
  flagitiis variis insimulatus erat;

  jura sed asseruit preli praeclarus Hamilton,
50 liberat et timidum crimine typographum.
  Plurima turba forum insolitis clamoribus implent;
   laudibus et celebrant inclyta facta viri.
  Causidico pariter praeclara Britannia grates
   reddidit innumeras: fama perenne decus.
55 Splendida sic magno Ciceroni munera laudum
   Romulidae pleno contribuere foro,
  cum te, docte pudicarum Archia alumne Sororum,
   fortiter insidiis turpibus eripuit.
  Hei mihi! quod me ausit sciulum delator iniquus
60 turpiter erratis insimulare suis,
  nec mihi patronus clamosis litibus aptus
   qui exitiale sua diluat arte nefas.
  Orphanus infelix pauperque senilibus annis,
   quaeque tenet viduum foemina moesta torum
65 lugebunt, imoque trahent de pectore questus:
   cur? quia Hamiltonem sustulit atra dies.

Threnodia Tertia

  Candidus, ah, sociis, grato officiosus amico,
   vir probus uxori sollicitusque parens,
  moestorum auxilium intrepidum et tutela clientum,
70 mitis herus famulis divitibusque decus,
  dignus erat qui nunquam homines lucemque relinquat,
   quem nunquam incolumem vexet acerba febris.
  Nobilis at virtus in terris nulla capessit,
   sed cum coelicolis praemia digna sui.
75 Flebilis innumeris ita morte quiescis, Hamilton
   inclyte! nec reditus spes datur ulla tui;
  laus tua sed stabit nullum peritura per aevum,
   qua Phoebus peragrans aspicit Oceanum.

O mellita quidem doctae modulamina linguae,
80 quae toties retulit verba diserta foro,
quae libertati toties in rebus acerbis
    astitit afflictae praesidioque fuit!
O vigor ingenii, o mirabile mentis acumen,
    abdita quod valuit pandere consilia,
85 quodque aperire queat quae finxit hypocrita mendax,
    eximiae species cui pietatis erat!
Ah, mors crudelis, quia nam tua dira potestas
    saevit in ingenuos patritiosque bonos!
Fert seriem causarum et ineluctabile fatum,
90 quod misere immiscet summaque et ima simul,
quo fortis cecidit Sampson Salomonque peritus,
    Caesar, Aristoteles, eloquiique pater.
In mare dum curret sinuoso tramite dives
    Delavar, inque urbem nautica facta feret,
95 causidicus sermone potens dum rostra tenebit,
    dum metuetque cliens indigus acta fori,
grata tuum merito celebrabit America nomen,
    et monumenta sacer quisque poeta struet.

Epitaphium

Judex, vir, genitor, socius, patronus, amicus,
100 justus, amans, placidus, mortuus ecce jacet!
Nil opus ulterius nomen titulosque referre:
    indigitare etenim dicta novena valent.

Augusti V. MDCCXLI

J. F.

1748

Besides writing the tribute to James Hamilton, the unidentified J. F. composed an earlier poetic tribute to James Logan (*Census,* no. 146), published in the *Pennsylvania Gazette,* 5 May 1748, and preceded by a complimentary Latin letter which Logan found quite distasteful; see Leonard W. Labaree and W. J. Bell, eds., *The Papers of Benjamin Franklin* (New Haven, 1961), III, 266-67, where the poem is printed but no suggestion about authorship is made. Lemay (no. 893) wonders whether J. F. might be Aaron Burr, Sr., but gives no reasons therefor.

J. F.
1748

34   On the Arrival of Lieutenant-Governor
James Hamilton

Adventus vester cunctis gratissimus hic est,
   praesidium populi luxque decusque tui.
Quod referunt cuncti, referam te jure beatum:
   vox enim populi, vox ea vera Dei.
5 Compositae fugiunt lites, nam pectora mulces;
   ter felix populus quem regis atque doces!
Ut David mulsit Saulum modulamine lyrae,
   sic vocis mulces corda lepore tuae.
Bella, furor populi, te discedente fremebant:
10   pax, comis probitas, te redeunte redit.
Tu sophia vera Solomon vere esse videris
   alter, et in gestu tu videare senex.
Nomina quae regerent dixit Deus ipse prophetis:
   ut populum regeres is tibi signa dedit.
15 Vive diu felix majorum more tuorum,
   qui stirpis clarae signa dedere suae;
qui, licet extincti de longo tempore, vivent
   virtute et meritis tempus in omne suis.
Fama tua est talis, prope te modo vivere conor;
20   quamque beas, urbem jam habitare volo.
Sit tibi delicium summum, sic sit pia conjux,
   quae scatet atque animi dotibus atque bonis.
Natos et natas habeas videasque nepotes
   florentes proceres, te hos hilarante, tuos.

25   Grandaevi superes vivendo Nestoris annos,
        et laetanda precor sit tibi quaeque dies.
     Cinctus deliciis puris sis ordine summo:
        o spes multorum, sit tibi longa salus.
     Longaevum cum te laetumque suprema citarint,
30   inter caelicolas sit tibi laeta quies.
                        Sic exoptat et plura non scribit
                        Vester humillimus Servus.
     Pridie calendas   J. F.
        Decembris, Anno 1748

BENJAMIN YOUNG PRIME
1733 - 1791

Prime, of Huntington, Long Island, entered the College of New Jersey at Newark at the age of fourteen with interests in classical and modern languages and in natural science. He received his degree in 1751. In 1764 he took a medical degree at Leiden, the title of his dissertation being *De Fluxu Muliebri Menstruo*. The Revolution imposed considerable hardship on him, and his final years involved coping with ill health and recovering the family fortunes. His published English poems dealt with the French and Indian War and the Revolution. Some ten Latin poems by him survive. His translation of the *Muscipula sive Cambromyomachia* by Edward Holdsworth (London, 1709) was published posthumously and anonymously at New York in 1840.

See Duyckinck I, 433; *The Cyclopedia of American Biography; DAB;* C. Webster Wheelock, "Benjamin Young Prime, Class of 1751: Poet-Physician," *Princeton University Library Chronicle,* XXIX (1968), 129-49; Lemay, *passim.*

BENJAMIN YOUNG PRIME
1733 - 1791

35 Ad Reverendum Dominum Joannem Maltby, dilectum aeque ac honoratum olim Collegii Neo-Caesariensis tutorem, ad Bermudam discessurum

Ah, nunc abis, tutor venerabilis,
et deseres maestos juvenes, quibus
   jucunda sunt et grata semper
      imperium regimenque vestrum?

5 Non amplius nobis faciem tuam
spectare fas est? Non licet amplius
   audire vestrae tam benigna
      consilia et documenta linguae?

Quae dura fors, quae saeva necessitas
10 te diripit nobis, academiam
   nostram gubernatore digno
      atque bono spoliat parente?

Sed hocce cur dixi? Te aliae advocat
terrae Deus vitae sitientibus —
15   nec nos te alumno vult beare
      amplius — almum aperire fontem.

Itum, Dei jussu, i pede prospero,
tutusque sulces aequora caerula;
   adsit Deus custos periclis
20   detque viam facilem et secundam!

Sique amplius non est redeundum, ibi
prospere vivas; omnipotens tibi
   adstet Deus praesens amicus
      cum abfuerint homines amici!

25 Sis longus aevi seroque terminus
adsit tuae vitae, atque diutius
   cum hic non morandum, certa servi
      praemia te maneant fidelis!

36 Ad Reverendum ac honorandum Dominum Aaronem Burr adolescentiae meae Instructorem Carmen Gratitudinis

Burre, te nostri columen decusque
atque tutelam juvenilis aevi,
   quemque gaudemus meminisse in omni
      arte magistrum,

5 te, tuae mitis memor et paterne
sedulae curae, studii et paterni,
   Musa decantat, meritas et optat
      solvere grates.

Splendido nuper celebrata coetu
10 vestra laus est, haud decorata virtus;
lingua qui inculti potuit sat amplas
   dicere laudes?

Quid valent autem haec inimica cordi
pompa grato magnificusque splendor?
15 premium fert mens magis aestimandum
   conscia recti;

> simplici versu melius fateri
> nunc juvat vestrae documenta linguae,
> intus incensum ut videas apertum
20   pectus amore.

> Sive funestam Danais Achillei,
> propter Argivi facinus tyranni,
> pertinacem iram meditor, revolvens
>   carmen Homeri;

25 sive per campos madidos cruore,
> principes belli video vagantes,
> atque sublatis manibus minantes
>   undique mortem;

> sive Patrocli miseranda ploro
30 fata, cui vindex animi severi
> Hectora audacem Stygiis Achilles
>   addidit umbris;

> sive, postquam armis Priami propago,
> arx et hostili cecidisset igne,
35 et cinis multus sepelisset altae
>   moenia Trojae,

> fraude vincentem fugientis hostem,
> Dardani durum exilium et labores
> regis, et casus sequor insecuti
40   fata deorum,

> donec, optata Italia potitus,
> multa et injustis quoque passus armis,
> nactus est fatis placidis quietem
>   urbe Latina;

45 Maeoni nos aethereum volatum
    te patet primum indigitasse cycni,
    nubium tractus quoties superbe
        tendit in altos,

    atque Romani haud humili volantis
50 nec levi penna, at (cecinit virentes
    hic licet sylvas) spatiantis ausu
        aethere eodem;

    atque opis vestrae memini, relegens
    improbos mores satyris reprensos,
55 et probos quotquot celebrantur Odis
        vatis Horati.

    Nam tua quondam indigitata dextra
    alta Parnassi loca mi patescunt,
    rura et argutis Heliconis almi
60   sacra Camaenis.

    Ecce Parnassi ad juga summa tendit,
    qui gravem Trojae cecinit laborem,
    primus et princeps veterum poeta,
        grandis Homerus;

65 et Maro, divum patienter iram
    et minas passum memorans iniquas,
    proximam sedem tenet atque eundem
        poscit honorem;

    sed canens dura omnipotentis arma
70 patris Aeterni Filii, nefandum
    Sathanam quando et sceleris sodales
        Tartara adegit,

singulo vates celebrandus aevo,
Milton, Anglorum decus, abs utroque
75   tollit et circum sua dat virentem
      tempora laurum.

Vindicat lauri et sibi Flaccus umbram,
quippe qui primus cithara inter omnes
Lesbium carmen numeros Latinos
80   transtulit audax;

quin et insignis meritos honores
occupat Pope, qui memorans dolores
Dardanae gentis meruit vocari
    Anglus Homerus.

85   Hisce nec factis tua mens quievit,
sedule nostri studiosa fructus,
nec licet lato hoc potuit teneri
    limite cura;

namque te primum didici docente
90   falsa mendaci spoliare fuco,
simplici et forma specie et colore
    vera videre.

Sive naturae faciem parentis
obtueri almae juvet, et videre ut
95   terminus constat stabilisque rerum
    permanet ordo,

sive terrenum hunc oculos per orbem
dirigam attentos, elementa mundi
quaeque despectans, modo aquas, modo auram,
100   lumen et ignem,

  sive caelestes speculatus ignes,
  lucidum caeli decus, atque fontem
  luminis solem, et socios planetas
    astraque mirer,

105 numen immensum sine fine adoro,
  qui potens molem hanc fabricavit omnem,
  qui mare et terras variisque mundum
    temperat horis;

  inclyti et mentem stupeo sagacem
110 Newtonis, primum penitus valentis
  scire leges queis moderatur omnem
    conditor orbem;

  inde te primum simul at recordor
  me abditas rerum docuisse causas,
115 illico et grato calet igne pectus
    tempore eodem.

  nam vias alti mihi et astra coeli
  tute monstrasti, et varios corusco
  sole defectus nitidaeque lunae
120 arte labores;

  unde fit terris tremor, unde ruptis
  aequora immensa obicibus tumescant,
  atque mutata vice rursus in se-
    ipsa residant;

125 quid brevi tantum rapidoque cursu
  sol aquis ponti properat lavari
  semper hybernus, mora quaeve tardis
    noctibus obstet.

Forsan has partes breve tempus omnes
130 tollet oblito immemoremque linquet,
ut mea ne vestigium superstes
   mente manebit;

dum tamen nostrum reget aura pectus,
vestra sincerae documenta vitae,
135 regulas, auro pretiosiores,
   corde tenebo.

O tuum vultum quoties fatentem
fervidum pectus studio videbam,
dum mihi turpes vitii colores
140   exhibuisti!

O ut idem te generosus ardor
impulit grandes iterum atque rursus
eloqui laudes et amoena purae
   gaudia vitae!

145 Ora sed centum totidemque linguae
ferrea et vox si mihi semper essent,
haud tui dignas meritasve possem
   solvere grates;

sed tamen vivam memor usque vestri,
150 nam nec ingratum locus ullus orbis
viset, nec tali ingruet hora nostrae
   ultima vitae.

'Pone me pigris ubi nulla campis
arbor aestiva recreatur aura,
155 quod latus mundi nebulae malusque
   Iuppiter urget;

  pone sub curru nimium propinqui
  solis in terra domibus negata,
  dulce dicentem stabilis te amabo
160 dulce docentem.

37   Dies Judicii: Oda Sapphica Domini Watts Latine Reddita

  Dum ciet saevis Boreas procellis
  Balticum et canis furit unda spumis,
  dum micat fulgur rutilum ruitque
   turbine grando,

5 ut stupent nautae trepidantque hiantes
  dum vident undas, tonitruque signum
  fluctibus rauco, tuba ceu cruenta,
   mumure mugit!

  Talis (aeterna assimilare si fas
10 hisce terrenis) pavor ac tumultus
  ingruit, quando quatiet trementem
   angelus orbem;

  diruet coeli columen, recludet
  marmor antiquum, monumenta regum;
15 ecce! per flammas patulis resurgunt
   ossa sepulchris.

  Heu! graves turbae miserae ejulatus,
  ecce! diro ardent oculi dolore
  dum lanit nunquam moriturus ima
20   viscera vermis.

Conscias mordent veluti repaces
vultures vitae facinora fibras,
dum ruit coelo comitatus irae
    flumine judex.

25 O! ut infelix ululat tremitque
grex mori frustra cupiens, ad orcum
actus horrendum furiis hiantemque
    ore profundo.

Siste mens! formae procul este dirae!
30 Ecce! adorantes simul et thronatos
inter ut sanctos sedet exhibetque
    numen Iesus!

Sit mihi sedes ibi, cum triumphans
gentium judex veniet; polumque
35 dum chorus scandit, celebretur alta
    voce redemptor.

38   Ad Dominum Nostrum et Servatorem Iesum Christum: Oda Domini Watts

III.

Immensa vastos saecula circulos
volvere, blando dum patris in sinu
toto fruebatur Jehovah
    gaudia mille bibens Iesus,

IV.

5   donec superno vidit ab aethere
     Adam cadentem, Tartara hiantia
        unaque mergendos ruina
           heu! nimium miseros nepotes;

V.

   vidit minaces vindicis angeli
10 ignes et ensem, telaque sanguine
       tingenda nostro, dum rapinae
          spe fremuere Erebaea monstra.

VI.

   Commota sacras viscera protinus
   sensere flammas, omnipotens furor
15   ebullit immensique amoris
        aethereum calet igne pectus.

VII.

   "Non tota prorsus gens hominum dabit
   hosti triumphos: quid patris et labor
      dulcisque imago? num peribunt
20   funditus? O prius astra caecis

VIII.

   mergantur undis, et redeat chaos;
   aut ipse disperdam Satanae dolos,
      aut ipse disperdar, et isti
        sceptra dabo moderanda dextra.

IX.

25 Testor paternum numen, et hoc caput
   aequale testor"; dixit: et aetheris
      inclinat ingens culmen, alto
        dissiliitque ruens Olympo.

39   Elegia Davidica Latine Reddita

Montibus in summis occisa est gloria gentis
    Hebraeae; fortes ut cecidere viri!
Sit Gath dedecoris sitque Askalon inscia nostri,
    comprimat et vocem garrula fama suam,
5 quippe Philistiaeae ne ludant nostra puellae
    damna, profana et io voce triumphe canant.
Gilboici montes, vos nec ros nec riget imber,
    vestra nec arva ferant munera sacra Deo;
fortis enim Sauli tanquam plebeius illic
10 abjicitur clypeus sub pedibusque jacet.
Haud frustra rigidum sinuavit Jonathan arcam,
    nec nudato Saulus dedit ense minas;
sed simul hostili saturarunt arma cruore,
    nec posuere, forent ni rubefacta nece.
15 Vel celeres potuere aquilas praevertere cursu,
    viribus atque leones superare feros;
charus amor placido devinxit foedere vivos,
    nec mors divisit quos ita junxit amor.
Isaacidum filiae, Saulum plorate peremptum,
20 a quo deliciae sunt habitusque nitor;
scilicet hic vos coccineo decoravit amictu,
    et gemmis atque auro rutilare dedit.
Jonathan in summis cecidisti montibus, eheu!
    in bello fortes ut periere viri!
25 Jonathan ecce tui nunc me dolor anxius urget,
    nam perjucundus tu mihi frater eras;
miro nempe mei fervebat pectus amore,
    nec sponsam conjux tam vehementer amat.
Ut pereunt fortes temeratis (proh dolor!) armis!
30 Heu generosorum sors miseranda virum!

40   Goliae Casus, Stylo Lucanio
I *Sam.* XVII

Perfida gens animis atque armis nescia vinci,
bella Philistaei cum jam scelerata moventes
implessent latos numeroso milite campos,
Isaacidaeque suas detrudere finibus hostem
5   struxissent acies, dirum subito ecce profanis
egreditur castris ingenti corpore monstrum.
Valle vel ima alto montes supereminet ipsos
vertice, et irato perlustrans omnia vultu,
passibus immensis media spatiatur arena;
10   scilicet Anakidum patuit genus esse gigantum:
tantum robur erat, molis tamque ossa stupendae;
effera consedit truculenta audacia fronte,
infernam et rabiem prodebant luminis orbes.
Tum, minitante sua sublata ad sidera dextra,
15   fulguris in moremque oculis rutilantibus igne,
horrendum inclamans, tumido sic incipit ore:
"Audite Isaacidae atque animos advertite vestros;
sunt mihi spretae acies, teneant licet undique campum
agmina; quem vultis socium mihi mittite pugnae.
20   Siquis adest, vestrum e tot millibus, inclytus heros,
qui, famae cupidus vitae et qui prodigus, audet
fatum solicitare suum et contendere mecum,
huc modo jam veniat citus, ut sua membra ministrem
dilacerata feris avibusque voracibus escam."
25   His ita jactabat dictis, et talia fatus,
conticuit. Sed vox, ceu rauca tonitrua, latum
undique terrifico complevit murmure campum,
fidit humum sonitu, et magnum tremefecit Olympum.

    Obstupuere animis, subita formidine capti,
30 Isaacidae, saevi tumidas simul atque Goliae
audivere minas; cunctis jam frigidus horror
membra quatit, trepidusque timet sibi quisque ruinam.
Pallida frons cuique est; pavor anxius occupat ima
pectora; diriguit circum praecordia sanguis,
35 vincendi hostilem nec spes erat ulla gigantem:
territa solicito miscentur castra tumultu,
nec vult ancipiti quisquam se credere pugnae.

    Interea pastor juvenilis, nomine David,
nempe videre suos venit ad socia agmina fratres;
40 sed simul atque hausit minitantia verba Goliae
auribus, ira suo generosa exarduit ore.
Haud mora; continuo volat ad tentoria Sauli,
flagitat et veniam ut dirum egrediatur in hostem.
Egregiam pueri virtutem animosque viriles
45 rex stupet attonitus, nec fortibus abnuit ausis;
sed timet exitio ne sit moriturus iniquo.
Extemplo juvenis rivum descendit, et inde
quinque legit laeves sacco conditque lapillos;
tum manet, impatiensque morae et vigilantibus hostem
50 expectans oculis, immani mole gigantem
terribilem donec venientem vidit, et inter
nubila sublimi nutantem vertice cristam:
rugiit ille ruens fremitu maledicta minaci;
contremuere poli, pulsatusque ingemit aer.
55 David subridens atque imperterritus audit
horrisonas voces, et amico numine fretus,
gestit ovans, celerique gradu sese obvius offert.
Desuper elata venientem fronte Golias

fastidit juvenem. Celsa velut arce sedenti,
60 magna mole viri gracilesque brevesque videntur,
pygmaeis similes, dum infra spatiuntur in urbe;
Davidis haud aliter species est visa Goliae
usque adeo exigua, ut vix cernere posset euntem:
tanquam formicam, plana tellure vagantem,
65 arduus ipse gigas humilem contemnit ephebum.
Constitit ille ferox, animo sibi fisus et armis;
hasta fuit nemus, armatique ipse agminis instar,
lumine sublimis rutilo micat aerea cassis,
aethere diffundens radios, sol alter; in auras
70 sublatus, clypei tremulis simul ignibus umbo
fulgurat, adversasque ferit lux vivida nubes,
iridis aetheriae varios imitata colores.

    Tandem vociferans diris ululatibus, ambos
prorsus ad usque polos, pavefactum concutit orbem:
75 "Quis campo nimium temerarius," inquit, "aperto
obvius audes esse mihi? re tamne pusillo
corpore posse putas oculos eludere nostros?
Protinus accenso, puer inconsulte, furori
cede meo, et celeri procul hinc procul aufuge cursu;
80 sin minus, actutum dabis, improbe, sanguine poenas,
nam per Dagonem perque omnia numina juro,
si praesto maneas, miseranda morte peribis;
haecce tuum trepidans lacerabit dextra cadaver,
membraque torquebit valido trans-sidera jactu;
85 viscera spargam avibusque ferisque alimenta per agros,
saxaque fumabunt tepido conspersa cerebro:
frustra inimica forent simul omnia numina, cunctis
nostra vel invitis erit insuperabilis ira;

    sique Deum supplex votis precibusque fatiges,
90 quem veneraris, mente licet miserescat amica,
    ille nequibit opem presso tibi ferre petitam,
    aut hujus dextrae depellere vindicis ictum."

      Audiit impavido jactantem parvulus heros
    pectore, dum cautes rigidas, ceu fulmina, findunt,
95 atque inter curvos strepitant vaga murmura montes.
    Lucida terribili micuerunt lumina fastu,
    atque severa tuens, contracta fronte, canora
    talia voce refert: "Linguam compesce profanam,
    desine jam tandem, jactator, fundere inanes
100 futilis ampullas et sesquipedalia verba:
    te manet exitium; decreti terminus aevi
    instat, et hic animam demittet calculus Orco;
    ipse ego, crede mihi, tua sint licet ensis et hasta,
    vincam; noster enim Deus est qui praesidet armis."
105 Dixit, et intorquens agili sinuamine fundam
    projecit lapidem; summis ita viribus actus,
    ille volans celeri liquidum secat aera cursu
    stridulus, adversamque hosti ferit impete frontem,
    atque per os crepitans sequitur mors ipsa lapillum.
110 Vasta ruit moles; concussi pondere tanto
    excelsi montes, agri, nemora, omnia circum,
    contremuere simul, gemitumque dedere tremendum;
    pulvere dira diu volvuntur membra cruento,
    tandemque aeterna clauduntur lumina nocte:
115 massa solo prolixa jacet (mirabile visu!)
    sanguinis oceano velut ingens insula rubro.

JOHN BEVERIDGE

1703 - 1767

After Beveridge graduated from St. Andrew's University in Edinburgh, he taught school in the city for many years under the most trying conditions. Perhaps as antidote he wrote Latin letters to friends mostly in the form of Horatian odes. In some desperation he left Scotland for America in 1752, and for five years, during which he still wrote Latin verse to American poets, was a farmer in the Indian-plagued Casco Bay area of Maine. His only son was killed by savages there, and Beveridge removed to Philadelphia where he became "professor of languages" at the Grammar School of the College of Philadelphia. There he found students whom he could not excite and who held him in some contempt despite his ability and diligence, and he wrote little more Latin. Provost William Smith of the school esteemed him as "one of the ablest masters in the Latin Tongue on this continent" for the poems that he wrote to both friends and public figures on a wide variety of subjects, both historical and personal. Shortly before his death he collected some two score of them and published them under the title *Epistolae Familiares*. Generally good, they show on occasion some metrical padding and a certain weakness of word order.

See Leo M. Kaiser, "John Beveridge: Latin Poet of Two Worlds," *The Classical Journal*, LVIII (1963), 215-225; Edwin L. Wolf, "The Classical Languages in Colonial Philadelphia," in *Classical Traditions in Early America*, ed. John W. Eadie (Ann Arbor, 1976), pp. 74-76.

JOHN BEVERIDGE
1703 - 1767

41   Ad Jac. Innesium, V. D. M.

Taedium longi maris et viarum,
bella ventorum varias vicesque,
et procellosi rabiem profundi
                jam superavi,
5   atque compostus requiesco pace
laetus ad ripam viridantis amnis,
tuta qua Casco sinuosus offert
                littora nautis;

gratior qua sol radiis refulget,
10 aptior tellus avidis colonis,
lenior gratis Zephyri susurris
                murmurat aura.

Dama foecundis levis errat agris,
piscium puris genus omne rivis,
15 alites sylvis aviumque turba
                plurima dumis.

Aestuet vultu Boreas minaci,
saeviat diris Aquilo procellis,
Eurus hinc praeceps niveos liquores
20   spiret ab ortu;

hic tamen vitae liceat beatae
mi bonis uti, pariter faventis
laeta fortunae, mala seu minantis
                ferre parato.

25   Nam juvant sylvis operum labores,
       gratus et sudor fluit; atra bilis
       cura nec vanis animum querelis
               anxia turbat.

       Attamen torquet male nunc, amice,
30   talus intortus; glacies fefellit
       levis incautum subitusque lapsu
               volvor iniquo.

       Caeterum vivunt vegetantque nostri:
       omnibus ridet locus, atque ridet
35   copiam spondens inarata cornu
               terra benigno.

       Scire nunc haec te volui: tabellas
       scriberem longas, sed aquam bibenti
       scripta sunt aevi brevis, ut probavit
40   carmine Flaccus.

42   Ad Nathanael Gardner, A. M.

    Carmina me poscis? Dare vellem, sed neque sacri
    ardua Parnassi mihi nota cacumina, Pindi
    nec iuga, Pieriis nec fontibus ora rigavi.
    Insuper — et credas — Arctoo frigore tacta
5   Musa riget, sanguis concrevit et entheus olim
    qui fuerat iuveni mihi nunc deferbuit ardor.
    Otia Musarum comites nemorumque recessus
    et virides ripas quaerunt lymphasque loquaces;
    me labor assiduus vel bobus vertere terram
10 distinet, aut versis committere semina sulcis,

seu validis steriles rastris contundere glebas,
et cumulare solum marris, ne crescere segnes
noxia triticias praefocent gramina messes.
Nec pudet immundum cinerem jactare per agros,
15 et segetes resecare manu, submittere tauros,
ponderibusque gravata suis deducere plaustra.
Jam nunc et versus meditor, dum ligna requiro
nutrimenta focis: en! hic est aesculus ingens,
incola per multos annos, et gloria sylvae
20 ad caelum ramos annosaque brachia tendens,
glande ferax, olim suibus gratissima sactis,
et pennata cohors foliis modulatur in altis.
Condemno capitis: multa vi brachia tollo,
vestibus abjectis, sonat icta securibus ilex;
25 et resonant sylvae, reboant cava saxa, remugit
omne nemus, longe gemituque remurmurat eccho,
diffugiunt volucres, sudor fluit inde per artus,
membra madent, durisque subacta bipennibus arbor
nunc labat, instabilis sublimi vertice nutans,
30 incipit et demum caput inclinare superbum.
Viribus incumbo totis, et schidia circum
me volitant, imas ferrum penetratque medullas
arboris, exciso vix tandem robore, truncus
concidit, et terram quatit ingens pondere vasto,
35 immanem densis corylis spinisque ruinam
attrahit, horrendamque rubis fert undique stragem.
Accurrunt pecudes vescas depascere frondes.
Jamque jaces veteris sylvae generosa propago,
pondus iners, lignum foedis et inutile porcis,
40 nec strepitat foliis avium genus amplius altis.

Sudandum est iterum, lignumque in frusta secandum
bis duo longa pedes, iterumque bipennibus insto,
ictibus et vehemens nervosos tollo lacertos:
ora madent, calidis rivus fluit undique membris;
45   nec blanda refovere licet mihi membra quiete
haec dum dura mei pars est exacta laboris.
Nec jam finis erit, cuneis nam fissile lignum
scindere, robustis plaustrisque imponere restat
ducendum pigris ad littora curva juvencis.
50   Hic venale jacet, quaesitas navita merces
dum ferat, et minimo mihi fallax auferat. Inde
Herculeum cogor sylvis iterare laborem.
Pallida sed jam nox atris circumvolat alis,
atque domum propero defessus. Vive valeque!

43 Ad illustrissimum etc. Gulielmum Shirley, Nov-Angliae Gubernatorem etc., cum iter ad pacem cum Indis ineundam adornaret.

Pergis extremas, bone dux, in oras,
Casco qua tutos laterum recessus
format objectu, Boreas ut atras
              asperat undas.
5   Vota si prosint valeant precesve,
has petas terras redeasque sospes,
nec dolo saevus noceat nec armis
              hostis iniquis.

Foedus optatum vel aperta bella
10   incolis sylvae referas ab Indis,
     queis nefas suadet stimulatque fraude
                    Gallia mendax.

Sentiant Galli truculenta Martis,
numinis justas trepident et iras,
15   jura dum spernunt, temerant fidemque
                    dira minantes.

Interim pacis bona te sequantur,
te favor summus populi patrumque,
te sator rerum tueatur, aequa
20   sponte sequutum.

44   Ad Eundem [William Shirley]

Grassante bello protegis Accadam,
arces superbas diruis hostium,
   emptaque laetantur Britanni
       pace tuis, bone dux, triumphis;
5 frustra, Nov-Anglis perfida Gallia,
   gens sueta semper foedera spernere,
       quod Marte non ausa est aperto,
           pacis ope exitium struebat.

Europa dum te praesidium et decus
10 nostrum tenebat, foedifragus rapit
       vi Gallus isthmum augetque Fundae
           pene sinu Canadense flumen.

         Nunc, te reverso, laeta Colonia
         robur renascens consilium et videt,
15   hortaris et quicquid senatum,
             plebs alacri bibit aure plaudens.

         Et jam vocaras ut renovent vetus
         Indos Britannis foedus, et arcibus
             amni parabas Kennebecci
20   impositis cohibere Gallos.

         Romana dudum relligio ordinis
         fratres scelesti cinxerat infula,
             quo fallerent vulgus sequentum
             sub specie sociorum Iesu.

25   Isti nefandis artibus impii
         et fraude plus quam — credite — Punica,
             ad arma cessantes, ad arma
             indigenas nemorum ciebant.

         Indi fremebant murmure Martio
30   vultu feroces, condere nec sua
             castella permittunt Britannis,
             empta prius nec habere rura.

         Captis tabellis, consilia improba
         fratrum latentes et retegis dolos,
35   sagax gubernator, probante
             ingenium populi corona.

         Statim stupentes ponere vidimus
         vultus minaces sylvicolas feros,
             et fronte placata jubere
40   arva coli populata quondam.

Quin destinatas condere jam volunt
arces Britannos, foedera candidae
   pacis requirunt pignorantque
      sponte nigram sobolem Nov-Anglis.

45 Doctum vetustas credidit Orphea
traxisse sylvas et lapides lyra,
   suavique dumulcere cantu
      Tartareum potuisse regem.

Ferina sic gens barbariem exuit,
50 optanda pacis dum bona praedicas,
   rudemque, ut interpres deorum,
      blandiloquo trahis ore turbam.

Sic laude crescas quotquot eunt dies,
sic te parentem grata Nov-Anglia
55 agnoscat aeternetque nomen
      per memores tibi fama fastos.

45 Ad Nat. Gardner, A. M.

Stupescit Indus classe Britannica
Ontarionem jam subigi suum,
   Shirlaeus audax et phalanges
      ducit agens inimica castra.

5 Fortis manuque et consilii potens,
Niagaranis arcibus imminet,
   hostilis et turmas tyranni
      terga premens animosus urget.

Johnstonus et dum lilia Gallico
10   tingit cruentus sanguine, quo tua
   aufugit, o Gardner, Thalia,
      quid toties revocata cessat?

Numnam revisit Castalias aquas?
Seu praepetis quas ungula Pegasi
15   detexit? At jam mox citata
      gesta ducum referatque nostra.

Dic, quaeso, tandem dic properet chelyn
portetque gratam, nec tua Lydia
   absit volenti, dic Lovello
20   ut properet comitante Phoebo.

Quin et choreis gratior it dies,
pulsanda tellus ter pede, tum suos
   fundat liquores Hippocrene,
      tu calices generosiores.

46   Ad. Gul. Shirley, Eq. aur. etc., cum rediret ab Oswego, etc.

Io triumphe hic quid sibi vult frequens?
Urbs laeta festis quid micat ignibus?
   Tectisque pendentes lucernae
      nocte vices referunt diei?

5   Tum rauca mittunt fulmina machinae,
   immissa cannis nitra palustribus
      sulphurque crinitos cometas
         aethereis imitantur oris.

Shirlaee, salve! nam reduci tibi
10   haec facta cerno gaudia: pectore
         laetantur et grato Nov-Angli
             sospite te duce, te recepto.

Non aere fuso missa tonitrua
aerve fictis sideribus micans,
15   plaususve quos densis theatris
         ingeminat popularis aura

addunt honorem tam memorabilem
festo diei quam Polyhymnia
   facunda, si quando canoro
20   pulsat ebur geniale plectro.

Haec sola dignos laude vetat mori,
oblivionis faucibus eripit
   donatque vitam quam nec anni
      sera nec imminuat vetustas.

25 Cessante musa, quis nemorum avia
stratasque valles, flumina pontibus
   firmata structis, et viarum
      claustra satis memoret refracta?

Ontarionem classe Britannica
30   a te subactum? Quisve Niagaram
         dicet tremiscentem Nov-Anglorum
             arma, ducem, comitesque turmas?

Haec inter autem quid video tuos
vultu severo? Quid male pectoris
35   aestus recondunt? Aut ocellos
         quid lachrymis video natantes?

>   Heu fata! sed quid vos queror anxius
>   cunctis amatos? Heu pater! Heu nimis
>   piae sorores! nam beati
> 40   Elysium tenuere fratres,
>
>   et laude digni: nostra sed impotens
>   Camoena sylvis aptior asperis,
>   cultus et expers dignioris
>   atque minor meritis fatiscit.
>
> 45 Sed nostra quamvis musa sit impotens,
>   inepta laudes dicere nec queat,
>   at fama post fatum superstes
>   laude dehinc merita virescet.

47   D. Johanni Lovell Johannes Beveridge, S. P. D.

>   Quas tu Camoenas quem vel Apollinem
>   exsuscitasti verticibus novis,
>   Lovelle? Quos jactat vetustas
>   aequipares Helicone natos?
>
> 5   Frustra disertos Graecia jactitat
>   mendax poetas; nostra Nov-Anglia
>   Pindumque Parnassumque doctos
>   et proprios habet ipsa vates.
>
>   Non cedit alto Pindo Agamenticus,
> 10 et propter urbem Colliculus viret,
>   Mavortis olim; nunc Camoenis
>   entheus hunc furor arrogavit.

Utcunque blandum pollice barbiton
chordasque tangis filaque consona,
.15   Lovelle, non Tibur supinum,
       non superat Venusina sylva.

Sed vina potas; mi satis est liquor
quem sponte praebet rivulus; astraque
   sic vestra scandit, nostra musa
20   stringit humum trepidante penna,

Non ausa laudes magnanimum ducum
cantare, non quam materiam lyrae
   Shirlaeus offert civibusve
   Angligenis Halifax colendus.

25 Inculta sylvas barbaries tenet,
Lovelle, nostras; terra viros parit
   tantum ferinos et timendas
   ungue feras rabidaque mala.

Non hic canoro gutture turdulus
30 soles recentes recreat; omine
   sed non secundo bubo mentes
   solicitat per opaca noctis.

Siquando cordi est mi calamos leves
inflare, ventis triste gemit nemus,
35   et ursus infelix lupusque
       exululant, reboante sylva.

Invitus autem quo feror impetu,
quo musa tendis? Quidve elegeias
   cantare pergis? Huc redito,
40   namque brevi meliora spero.

48   Ad Johan. Lovell

Quas, musa, paras nunc elegeias?
Rogata, quaeso, desine; nec tuas
   ineptias amens measque
      pande, virum volitans per ora.

5   Braddocce, quis te carminibus queat
laudare dignis? impavidum licet
   fortuna te fallax peremit
      hoste vago, timido, et latente.

Virtute clarum, progeniem virum
10   illustriumque et non timidum mori,
   Halkete nostras, quis necatum
      te merito celebrabit auctor?

Shirlaee, quo te vis animi tulit
densos in hostes? vincere seu mori
15   te destinatum forte iniqua,
      digne puer meliore fato.

Sed, Galle, credas, vindice dextera
Shirlaeus ultor mox aderit pater,
   caecaeque nec fraudes juvabunt,
20   profuerit neque vis aperta.

Ohio nostro sanguine bis rubens,
fatale nomen! plus vice simplice
   lugebis occisum, dolebit
      Gallia sylvicolae trucesque.

25   Testis Chenecto et cui Lodoix suum
nomen superbus praebuit oppidum;
   poenasque majores, avare
      Galle, dabis, truculente et Inde.

49   Ad Rev. Jonathan Mayhew, S. T. P.

Quam nostra multis vita periculis
objecta, Mayhew, sit, brevis horula
   demonstrat; infortuniorum
     agmina nos numerosa cingunt.

5   Frustra latentes rupibus inviis
angues minantur vulnera, bellaque
   Indi dolosi, Gallicisve
     classica personuere signis.

Fortuna gaudens insidiis ferox
10 plerumque sero fata minantia
   ostendit, et nullum severa
     effugium miseris relinquit.

Non morbus atrox, non mare naufragum
non arma multa caede calentia
15   horrenda plus quam caeca fati
     sunt homini metuenda cauto.

Nam stante nuper me super arboris
trunco recisae, sylva volubilis
   effregit, heu, costam sinistram,
20   praecipitem dedit et misellum.

Angit dolor me nunc gravis; haud tamen
culpare caelum terrigenam decet,
   seu forte me vexet maligna
     sive probet meliora numen.

25 Prodest quid autem pectora plangere,
vanis querelis aethera rumpere?
   Adversa fortunae feramus
     quin animo potius virili.

> Quo, musa, tendis? Quid temerario
30 tu sacra tangis, quaesumus, impetu?
> Desiste! Ne pergas, inepta,
> magna modis tenuare parvis.

50 Ad G. Shirley Armigerum Insularum Bahamicarum Praefectum

> Shirlaee, salve; te favor aulicus
> virtusque, rerum et longa peritia
> evexit ad summos honores
> principibus populoque charum.

5 Fortuna vero me mea Belidum
> damnavit urnis atque laboribus
> vanis, inepti queis poetae
> Sisyphen Aeoliden fatigant.

> Nam Parca vitam dicere languidam
10 laboriosis me voluit scholis,
> qua flumen ingens Delavarus
> arva rigat fluvio perenni;

> qua Pennus olim condidit oppidum
> notum popello relligioneque
15 inusitata, quos Geneva,
> Roma, negat pariterque Mecca.

> Haec mitto; segnis decutit hic hyems
> sylvis honores, bruma nivalibus
> horret procellis, stant catenis
20 flumina marmoreis revincta.

Correpta passim corpora frigore
sanguisque venis purpureus gelat;
    nec suppetit membris fovendis
        sylva prece et pretio paranda.

25 Sortem benignam sed tibi gratulor,
summos honores cui merito dedit
    rex jure, qua gratos calores
        aetherio movet axe Phoebus.

Esto beatus: consiliis tuis
30 debetur armis capta Niagara,
    arcesque quas Gallus Britannis
        condiderat malefidus agris.

Quin et Quebeccae moenia diruta;
imo minores volvere vortices
35   nuper superbum turgidumque
        vidimus et Canadense flumen.

Vale, sed audi; pergito fortibus
armis catervas sternere Gallicas;
    classesque gaudentes rapinis
40   funde, fuga, populare flammis.

JOHN LOVELL

1710 - 1778

After Lovell received his A. B. from Harvard in 1728, he served as usher at the South Grammar School in Boston. In 1734 he began a forty-year term as Master of the Boston Latin School, where he numbered among his students Samuel Adams, John Hancock, Francis Dana, James Bowdoin, and other future personages. He was known as a severe teacher, but as a socially agreeable companion. He chose the British side in the Revolution and left Boston in 1776 with the British troops for Halifax, N. S., where he died. Lovell delivered the first published address in Faneuil Hall, a funeral oration on its founder in 1742, in it uttering the memorable words, "May this hall be ever sacred to the interests of truth, of justice, of loyalty, of honor, of liberty."

See Duyckinck I, 12; Appleton; Sibley VIII, 444-46; *DAB*.

JOHN LOVELL
1710 - 1778

51 Ad D. Johannem Beveridge ad Rus Suum
Iter Mari Parantem
Authore Johanne Lovel Bostoniensi

Spirans per agros lene Favonius
tellus aratroque apperiens sinum
   invitat expectantque vestrum
      jam reditum, Beverice, rura.

5   Sperare cursus et faciles licet
ventos ferentes innocuum et mare,
   si quid valebunt usquam amici,
      assiduis pia turba votis.

Inculta tandem barbaries fugit,
10   saltusque linquit victa Nov-Angliae,
   et mox subibunt te sequentes
      simplicitas animique candor.

Hic lenta stratus membra sub aesculo,
si cui pepercit forte manus tua,
15   captabis umbras hospitales,
      tuque vicem referes canendo.

Non usitata voce sonat nemus,
impellis audax dum Latiam fidem
   promisque carmen quale Tibur
20   audiit et Venusina sylva.

Largam canorae materiam lyrae
Shirlaeus offert, nomen amabile;
   quo tutus intras et quod ultro
      ipsa petunt nemora audiendum.

25 Utcunque blandos arte cies sonos
doctoque chordas pollice dividis,
   nec murmur auditur per undas
      nec Zephyris agitantur orni.

Attenta ramis turba volatilum
30 cantus remittunt, insolitos modos
   dum ludis auritasque fagos
      carmine tu potiore mulces.

Sic vester olim Cynthius igneas
arces reliquit, pinguia Thessali
35   armenta pasturus labores
      leniit et cithara sonaci.

Nec tu minaces sylvicolas time,
nec monstra quotquot sylva vetus tenet;
   adire desistunt pericla
40   innocuum scelerisque purum.

Flaccum nec anguis morsibus abstulit,
illum Philippis nec fera spicula,
   texere musae quem fugacem,
      quem foliis puerum palumbes.

52 Ad praecellentissimum provinciae Prefectum qui juventutem ad hoc munus primus incitavit

Bernarde, raptam tu citharam tholo
aptare voci poscis eburneam,
   regemque sublatum Britannis
      luctisono celebrare cantu.

5 Sed nos minaci carmine territat
Flaccus, superbum Bellerophontea
   pontumque dicens fabulosum
      Daedalei juvenis ruina.

Aequare laudes quis poterit tuas,
10 o rex, canendo, aut per vacuum aethera
   innixus alis ad cubile
      Hesperium comes ire soli?

Tantos quis audet sumere spiritus
terras per omnes, maxime principum,
15   quas aequor ingens ambit et quae
      Angliacas tremuere classes?

Juste imperantem sensit et illico
foecunda tellus; excutiens sinu
   passim per agros spargit herbas,
20   spargit opes avido colono.

Armenta tondent pinguia pascua
et foeta supplet lanigeros greges,
   et laeta vox percurrit urbes,
      rura, domos, placidasque silvas.

25 Sub rege tali fausta Britannia
ad astra fulgens extulerat caput,

  et Georgio subnixa fama
   attonitum viguit per orbem.

  Vos hunc ademptum tollite laudibus,
30 vos, nam potestis Phoebigenum chorus,
  quos Isis audit personantes
   alma tuos Rhedycina lucos.

  Nec tu silentes, Came pater, tuas
  effundis undas: flebile murmurant
35 ripasque circum perque silvas,
   flebile mille canunt Camoenae.

  Haud doctiori fila movent manu,
  quos Roma, quos et Graecia jactitat,
  vix non potentes vel quietis
40 corporibus revocare vitam.

  Qualis sub Haemi collibus Orpheus
  fudit querelis carmina mollibus,
  motura silvas atque pronos
   fluminibus remorata cursus.

45 dum rursus abreptam Euridicen vocat,
  ah, dulce plorans! Euridicen nemus
  respondet, Hebri conquerentis
   Euridicen sonuere ripae.

  At moesta tandem gaudeat Albion:
50 en ille surgit qui Britonum genus
  se jactat ultro, chara proles,
   nomen avi referensque famam.

  Sic sacra saevae dona Proserpinae
  dimittit arbor, alter at emicat
55 ramus refulgens, ac avito
   silva iterum renovatur auro.

EDWARD HOLYOKE
1689 - 1769

Holyoke was born in Boston and got his degree from Harvard in 1705. No other Harvard student of his time had so many black marks against him as the future ninth President of the College. After graduation he tutored at the College and spent much time preparing almanacs and computing eclipses. Soon he turned to the ministry and was ordained pastor of the Congregational Church at Marblehead where he stayed twenty-one years. Chosen President in 1737, he served till his death, remarking on the day he died, "If any man wishes to be humbled and mortified, let him become President of Harvard College." His term of office is regarded as one of prosperity and progress for the College, even as Boston was being occupied by British troops.

See Appleton; Sibley V, 265-78; Morison, *Three Centuries,* pp. 82-99.

EDWARD HOLYOKE
1689 - 1769

53 Adhortatio Praesidis

Eheu! lugubris carmina Naeniae
poscis, Georgi, nec pietas tua
   nec vota nec curae tuorum
      fatiferas inhibent sorores.

5 Nuper Britannis deliciae et decus,
nunc luctuosae materies lyrae,
   quam chara, quam defleta nobis,
      ultima non reticebit aetas.

Me — cui peracta militia mea
10 non longa restat jam mora quin sequar
   quid me decebit, quam recentem
      imbuerim ut lachrymis favillam?

Vos, queis vigescit spiritus integer,
pectusque Phoebi vividus impetus
15   accendit, ad solemniores
      apta modos adhibete plectra.

Ferite chordas: ecce Georgius
incedit alter, jura per ultimas
   telluris oras jam daturus,
20   qua patet oceanus Britannis.

Afferte flores, sertaque nectite
cinctura circum Caesareum caput;
   cum fronde myrteoque laurum
      in socios religate nexus.

25   Sic forsan et vos vestraque munera
　　　blando benignus lumine viderit,
　　　　miratus ignotas camoenas
　　　　　sole sub Hesperio calentes.

STEPHEN SEWALL

1734 - 1804

"The most accomplished classical scholar of his day" is the accolade bestowed on Sewall by Thaddeus M. Mason, librarian at Harvard, writing to Professor George Ticknor in 1828 as noted by the Duyckincks. Sewall was born in York, Maine, and worked as a joiner so as to have the means of entering Harvard at the age of twenty-four. While at the College he taught in grammar school to support himself. After graduating in 1761, he became librarian and instructor in Hebrew at Harvard till 1785, although all his life he maintained an interest also in the classics. In 1763 he published a Hebrew Grammar. Simultaneously he submitted to the Corporation of Harvard a plan for the promotion of classical learning whose most interesting feature was a recommendation to relieve students from compulsory Latin verse composition, and to leave it to those who had "a genius and fondness" for it. In 1769 he delivered a Latin funeral oration on Edward Holyoke. He was an active Whig during the American Revolution. In 1785 the Harvard overseers felt that Sewall's faculties were being debilitated by drink. Sewall retorted, to prove his mental state was unimpaired, that he would translate "Night Thoughts" by the British poet Edward Young into Latin, and the first part was published in 1786. Three years later additional proof of his sobriety was vouched for by his *Carmina Sacra*. Sewall was one of the original members of the American Academy of Arts and Sciences. At his death he left a manuscript of a Syriac and Chaldee grammar and dictionary prepared by him for publication.

See Duyckinck I, 12; Appleton; *DAB:* Sibley XV, 107-14.

STEPHEN SEWALL
1734 - 1804

54   Hail, George III!

Cum roseis quondam dea Adorea fulgida pennis
aethera pervolitans liquidum tranaverat orbem,
figere qua posset solio regum optimum eburno
quem volventia fama ferat per secula rimans,
5   laeta deae tandem patuere Britannidos arva,
flumine quae Tamesis sinuans humectat amaeno,
gens ubi dives opum, longi patiensque laboris,
urbes munierat vallis portusque carinis.
Partim tellurem jam tum sulcavit aratro,
10   partimque extremis fecit commercia terris
partimque ingenuas doctasque exercuit artes;
tota Dei numen coluit, rectoris Olympi.
Hic locus, haec sedes, inquit dea, munere digna est
magnifico, dare quod statui sub pectore volvens.
15   Anglica jam tellus, multos jactata per annos
casibus adversis a tempore Caesaris usque,
gentibus ex variis sumptos experta tyrannos,
Normannisque Danisque Caledoniisque cruentis
Saxonicisque fere fuerat, cum mitteret Alma
20   regum progeniem Brunsvica stirpe creatam,
armis insigni et virtutum nomine clara.
Ac velut objicibus fuerat qui in carceris antro
occlusus rigidi, tetri, squalentis, opaci,
cui frigusque famesque sitisque comederat artus,
25   multis interea pigre labentibus annis,

nocturnis tandem tenebris vinclisque solutus,
obstupet aethereo radiantis lumine solis,
exultimque salit celeri pede voceque clamat,
sic genus Anglorum Brunsvici sideris ortum,
30 Eoo lucem portantis ab axe serenam,
mirati laetantur ovantque; it ad aethera clamor;
praerupti resonant montes et littora curva.
Angligenae generosi, o terque quaterque beati,
queis jam quinque fere bis lustris lucifer almus
35 affulsit, nec adhuc unquam se condidit undis.
Ora quidem bis celavit velamine nigro;
at splendore novo, jubare insolitoque coruscans
usque retexit, et usque recentia dona profudit.
Salve, Auguste Georgi tertie, quo duce ferri
40 seclum cessabit, priscumque redibit in aurum!
Otia, cana fides, virtus pietasque redibunt,
pacatumque reges patriis virtutibus orbem.

55 On the Death of George II

Debili tentura viam volatu
Musa, Brunsvico tribuas adempto,
si queas, fletus meritos, nepoti et
    gaudia regi.

5 En, ut obductos teneant Britanni
flebiles vultus lachrymis, cupresso
dum sepulchrali cineres adornant
    regis adempti.

Ingemunt vestri interitum leones
10 dum, suas tanquam exequias canentes,
lugubri mulcent Thamesis fluenta
        carmine cycni.

Tu soror tristis jaceas Ierne,
admovens dextram citharae querenti,
15 fata Brunsvici resonare chordas
        dulce docentem.

Terra quam Phoebus propiore torret
igne, quae pulchros dedit et triumphos,
altius tinctum referas colorem
20   luctibus aptum.

Tempora Augusti, fugiente Gallo,
laurea nuper decorans, verendos
diviti spargas cineres odore,
        dives odorum!

25 Consonet passim gemitu orbis alter;
nos coloni, nos socii gemenda
sorte Brunsvicum pariter dolemus
        ac patrem amantem.

Tu simul tellus inimica nunc at
30 bellicis ornans spoliis Britannos
lugeas, lugensque canas Georgi
        nomen ovantis.

En, dolent hostes Britonum superbi,
en, dolet Borbon, cui nota virtus
35 mortui, nec jam niveos ministrant
        lilia flores.

Musa, praestantem modulis doloris
inclyti famam celebres Georgi;
posteris nomen referas remotis
40   laude colendum.

Hic pater fidus populi atque custos
jura legesque ut clypeo tegebat,
omnibus recte trutinam movendo
             justa ministrans.

45 Reppulit Martis rabiem furentis
a suo passim Thamesi ad Garumnam,
perfidi quassans tonitru Britanno
             Borbonis arces.

Te premit dum nox tenebris sopora
50 dumque Plutonis domus, orbe toto
facta virtutesque tuae vigebunt
             morte solutae.

Gaudiis mutare cupit dolores
Musa; quis mutare neget? nepote
55 et sibi splendore novo suisque
             sceptra tenente.

Ad melos blandum modulemur omnes
strenui vocem, resonetque coelum,
fornice a celso strepitum jocosum
60   laude remittens.

Ipse sacratum tibi, Jane, templum
clauserit, ramos oleae virentis
Marte jactatis populis daturus
             corde benigno.

65 Hinc quies orbi, studiis juvamen,
gaudium musis, thalami puellis,
omnibus passim hinc oriatur amplo
copia cornu.

Prata pubescunt gregibus superba,
70 cuncta subrident redimita sertis.
Num rogas unde haec? Regit hic Georgus
alter et idem.

56 On the New Sovereign

Quem virum mavult celebrare Clio,
quem canet solers fidibus canoris
tollere heroem, nisi te, regentum
prime, Georgi,
5 orte praeclaris atavis avoque
laude qui primam meruit coronam,
pulchra quem virtus pietasque coelo
extulit ardens?

Phoebus ut nubes, radiante vultu,
10 luridas pellit gelidos et imbres,
obrutis umbra revocatque lumen,
dulce levamen,

sic tui vultus nitide sereni
dimovent nimbos, alacris voluptas
15 jam redit tecum Britonumque per praecordia ludit.

    Blandior Phoebus roseo cubili
    surget eoo, melius nitebunt
    aurei soles, medii petito
20   culmine coeli;

    ver erit longum tepidaeque brumae;
    rura praebebunt segetes opimas;
    flosculi fundent varios odores
                        undique campis;

25 pax, fides, virtus, pietas vigebitque
    artium cultura; redibit aetas
    in micans aurum prope pristinum, te
                        rege, Georgi!

    Laetus intersis populo diuque
30 imperi sceptrum teneas Britanni;
    deinde virtutis referas coronam
                        vectus ad astra!

    Parcito, princeps, veniamque musae
    da, precor supplex, temere canenti.
35 Molior frustra: cecidere vires
                        ardua nisae.

57
Nocte Cogitata:
Nocte I: De Vita, Morte, et Immortalitate

   Somnus, qui fessos reficit mitissimus artus,
   iste homines veluti qua res fortuna secundat
   prompte adit, at miseros torve fugit ore minaci;
   praeceps a luctu properat pernicibus alis,
5 atque oculis lachryma vacuis considit amice.
   Evigilo requie celeri (est mos) ac agitata;

felices, somno nunquam amplius excutiendi!
Istud inane tamen, tumulum si somnia turbent.
Suscitor, emergens visorum gurgite torto,
10   mens ubi dilacerata, abjecta, errore laborans
a fluctu ad fluctum ficti moeroris obibat;
instaurata licet mutatio sola doloris,
ah (mutatio saeva) loco trucis, in truciorem.
Lux nimium brevis angori, et nox, vertice in aulae
15   pullatae, est splendor fati mihi posta colori.
  Nox, dea fusca, eheu e solio nunc plumbea sceptra
pompa atrata sopore gravatos tendit in omnes.
Quantum exsangue silentium et, ah, caligo verenda!
Nil acies oculi reperit, nil auris acuta;
20   dormitat quodcunque creatum, stet quasi pulsus
vitalis, sileat totum res quaeque per orbem;
horrendum silet; exitus augurat haud mora ut adsit,
et quod praemonet extemplo peragatur abunde.
Parcae immites, actutum demittite velum;
25   nil mihi plus restat quod luctans perdere possim.

58 Cantici Canticorum Capitis Quarti Versus Novem Priores

En venusta es, cara mihi, en venusta es,
crinibus subsunt oculi columbae:
sunt tui crines velut agmen errans
    monte caprinum.

5   Sunt tui dentes veluti resectus
grex, redux lautus, pariens gemellos;

       non ovis quaequam est sterilis reperta,
                    non gregi in omni.

       Coccinum ut filum tibi sunt labella;
 10   voce mellita es, tibi tempora adsunt
       Punici frustrum sicuti, comam intra
                    crispa fluentem.

       Est tibi collum velut arx in altum
       edita a David, capiens sua arma,
 15   mille cui pendent clypei, virorum
                    omnia scuta.

       Sunt tuae mammae similes gemellis
       capreis, quae sunt juvenili in aevo,
       liliis mistae et capiunt in escam
 20   inter ea herbas.

       Mane dum aurescat fugiant et umbrae,
       me feram ad montis juga myrrha odori
       adque collem thure refertum abibo
                    suavia captans.

 25   Tota formosa es, mihi amica amanda;
       nulla labes te maculat. Comes sis
       monte eunti de Libano, selecta
                    sis mihi sponsa.

       Amanae specta edita ab arce in altum
 30   de Shenro, Hermone, specu leonum,
       montibus pardi aspice, amica, melle
                    dulcior, alma.

       Abstulisti cor, soror atque sponsa,
       cor meum raptasti oculo vel uno,
 35   colla quae exornat tua torque fulvo
                    cor rapuisti.

JAMES BOWDOIN
1726 - 1790

Member of the Harvard Class of 1745, Bowdoin was an eminent patriot, President of the Council that governed Massachusetts after the breach with England, a wealthy merchant, and a patron of learning and letters. When he was twenty-four, Bowdoin visited Benjamin Franklin in Philadelphia, and manifested a taste for scientific pursuits which induced Franklin, twenty years his senior, to share his papers on electricity with him. This was the beginning of a long scientific correspondence that Franklin treasured. Elected to the Continental Congress in 1774, Bowdoin had to refuse because of poor health. In 1779 he was made a Fellow of the Harvard Corporation, and held that honor till 1785 when he became Governor of Massachusetts. He was one of the founders and first presidents of the American Academy of Arts and Sciences, and a recipient of an honorary degree from Harvard at the brilliant Commencement of 1783. In 1789 he received Washington, with whom he had conferred on the perilous heights of Dorchester in 1776, at his home in Boston.

See Duyckinck I, 157; Appleton; Sibley XI, 514-50; *DAB*.

Novae Angliae Lamentatio.

Heu! me nunc cæcam, quis ducet filius orbem
luminibq. binis, quæ mihi nuper erant,
Hookerum extinctum deflens Ecclesia videt,   Iuly.7.1[?]
Winthropum Ares nunc Publica lapsa videt,   march.26.[?]
                    ^Erat
Hic velut alter Moses, ille alter ut Aaron:
his Zorubbabel, Jesus vt ille fuit.
Non me Naomi, sed Puore me dicito Maram,
nam dedit Omnipotens Pocula amara mihi,
vere independens iam nunc Neo-Anglia dicor,
non est spes terris pendeat vnde mea.
                              Charl. Chonc.
Non qua[...] Pandoræ Pixis, quæ lerna malorum
quæ nobis apparet: Durius alter Eques.
              1649.

Abstulit mors Diem, qualem nec multa tulerunt
secula, nec (vereor) secula multa dabunt.
&c, &c, &c.
                              Isaack Chonc.

Carmen Funebre in obitum viri Plurimis nominibus
verandi Uriani Oakesii Doctissimi Gymnasiarchæ, necnon Ecclesiæ
antabrigiensium Pastoris fidelissimi, qui postquam in utroq munere
dulam navasset operam, plaude tandem quievit in Jesu. Julii 25. 1681.

Tristia narrantur. miris ferit Ictibus Aures
Mors Inopina meas; totos pavor Occupat artus
Attonitum reddens animum; Sed nonne fefelli.
Vox aures? Aures animum? num dicere vera
Fama potest?. Heu vera potest — as dira profari!
Mortuus est Praeses; tremor una per ossa cucurrit
Proh Cantabrigia, proh musis Lethifer annus!
Nigrescunt Harvardæ tuæ præ Luctibus ædes;
Flebile vox aulæ; Campanæ flebile Lingua
Murmurat exanimis; respondent flebile muri.
Quis cohibere potest Lachrymas? cui Lumina sicca?
Laesi ferventem plangamus Numinis Iram.
Quale Poema potest talis Exornare Sepulchrum
Oakesi venerande tuum? Componere carmen
Quis nostrum poterit defuncto praeside dignum?
Obscurant raras Exilia carmina Laudes
Hoc munus fateor captum Superare Viriletm
Angelicis par hoc Calamis provincia dura
Huic Ego rectori præconia debita docto
non Sum solvendo; in magnis voluisse Sat esto.
Marmoreis condi tumulis insique Cadaver
Marmoreis tabulis inscribi nomina debent —
omnia felici Data nomina, non data Casu:
Cælestis Præco, quam recte Uranius audit
Cælesti Sermone potens, ciet ille procellas
Peccanti Cordi velut alter Aquosus Orion
Huic fulsere Uriim, urijah Pene dictus, & iste
Mirus flagranti radiabat lumine doctor
Ac veluti Quercus pollebat robore firmo
Robustis precibus vincens homines q Deum q.
Et multi placide Sub ramo ac tegmine quercus
Sese Oblectabant recubantes: carpere fructus
Quos tulit illa frequens: Distillans roscida mella:
Jam perculsa Jacet Divina Excisa Securi.
Robur cum patulis ramis, cum tegmine fructus
Fugerunt. Hominis (nec opus Sit ut amplius addas)
Nascitur & moritur, pæna est Historia Vitæ.
Heu quam Vanus homo! memor Esto tu Brevis ævi:
Pallida præ foribus Mors Est. Resipisce repente
vive Hodie; ne Sera nimis Sit Crastina Vita.

Plate 2: William Adams' *Carmen Funebre in Obitum Uriani Oakesii.* Courtesy of John Carter Brown Library, Brown University.

In Laudes Pensilvaniae
Poema.   Thomas Makin
                                    1729

Descriptio Pensilvaniae

Hæc habet egregio memorabile nomen habebit
  Auctior Auctoris tempus in omne sui;
Qui fuit illustri proavorum stemmate natus,
  Sed virtute magis nobilis ipsa sua.
Præcipue illustrem sua se sapientia fecit:
  Vixit apud claros dignus honore viros.
Qui quamvis obiit, tamen usque memoria vivet,
  Nominis atque sui fama perennis erit.
Semper honos nomenque suum laudesque manebunt,
  Hujus qui terræ nobilis auctor erat.
Hæc sua proprietas: hinc Pennsilvania primum
  Hæc fuit ex Domini nomine dicta sui.
Rege sibi Carolo concessa suisque secundo,
  Pro claris meritis officioque patris.
Zonæ terra subest alternæ ubi veris æstus
  Autumni gelidæ sunt hiemisque vices.
Hær ter quinque dies numerat longissimus horas,
  Cum sol in Cancris sidere transit iter.
Hic tamen interdum glacialis frigore brumæ
  Et calor æstivus vix toleranda premunt.
Sæpe sed immodicum boreale refrigerat æstum
  Flamen, & australis mitigat aura gelu.
Hic adeo inconstans est & variabile cælum
  Una ut non raro est æstus hiemisque dies,
                                    Sæpe

Plate 3: Thomas Makin's *In Laudes Pensilvaniae Poema.* Courtesy of The Historical Society of Pennsylvania.

In Obitum Josephi Norris

Multa Senum Juvenumq; monet nos funera vivos
  Omnes post mortem pulves et Umbra fore.
Pallida Mors aequo pulsat pede divites Aulas
  Magnificas humiles pauperis atque fores
Et quamvis humiles etiam cum Regibus aquat
  Mortales omnes imperiosa rapit.
Flectere nulla potest pietas adamantina Mortis
  Fata, sed et fatas aurea frangla auri.
Cum fera mors instat frustra medicina paratur
  Namq; culenturam potio nulla levat.
Dosis fore potest aliquando levare dolorem
  Sed Morbi causam non removere potest.
Tabes absumit paulatim languida vires
  Et mortem properat saepe maligna febris.
Perdidit innumeros dira contagio pestis:
  Morte repentina millia multa cadunt.
Non Domus et Fundus non aris aureus et aura
  Aegrotis Dominis Pharmaca ferre valent.
Hic Juvenis quidem, cujus modo floruit aetas
  Aulicus et Nahu qui generosus erat,
Occidit imprimis linguarum doctus et artis;
  Ingenio pollens eloquioque fuit.
Vita fuit jucunda suis sua flebilis et mors
  Et multis aliis quibus bene notus erat.
Tres illum maesti fratres quatuorque Sorores
  Tristes praecipue plorat uterque Parens.
Omnibus incerta moriendum est ordine Fati
  Occidit interdum Filius ante Patrem.
Nomens tres fratres Thomas et dexter Johannis
  Tertius Et Senior nunc Josephus Obit

Plate 4: Anonymous, *In Obitum Josephi Norris.* Courtesy of The Huntington Library, San Marino, California.

Maoni nos æthereum volatum
Te patet primum docuisse* cycni,   * indigitasse
Nubium tractus quoties superbè
    Tendit in altos;
Atque Romani haud humili volantis
Nec levi pennâ, at (cecinit virentes
Hic licet sylvas) spatiantis ausu
    Æthere eodem:
Atque opis vestræ memini, relegens
Improbos mores Satyris reprehsos,
Et probos quotquot celebrantur Odis
    Vatis Horatî;.
Nam, tua quondam indigitata dextra,
Alta Parnassi loca mi patescunt,
Rura et argutis Heliconis almæ
    Sacra Camœnis.
Ecce Parnassi ad juga summa tendit,
Qui gravem Trojæ cecinit laborem,
Primus et princeps veterum Poeta,
    Grandis Homerus;
Et Maro, Divum patienter iram
Et minas passum memorans iniquas,
Proximam sedem tenet, atque eundem
    Poscit honorem;
Sed, canens dura omnipotentis arma
Patris Æterni Filii, nefandum
Sathanam quando et sceleris sodales
    Tartara adegit,
              Sin=

Plate 5: Benjamin Young Prime's *Ad Reverendum Aaronem Burr Carmen Gratitudinis*. *Courtesy of the Speer Library, Princeton Theological Seminary.*

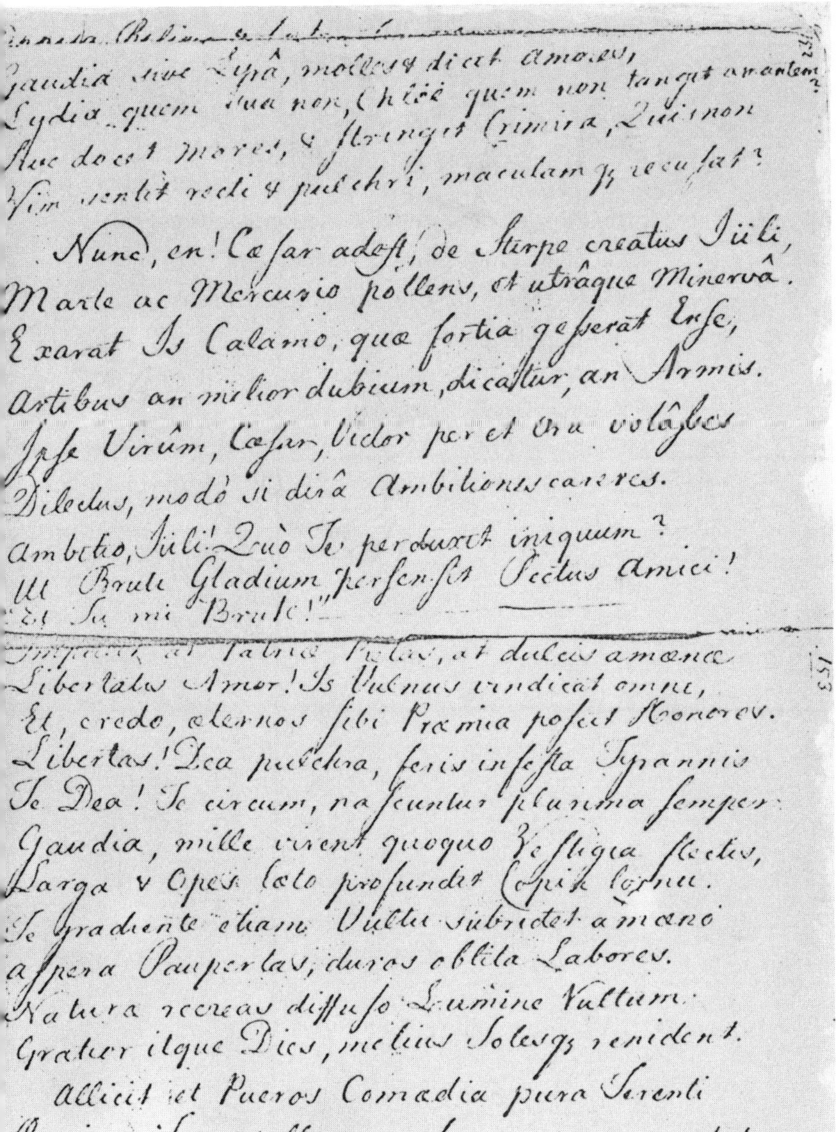

[handwritten Latin poem, partially legible]

Gaudia sive Lyra, molles dicat amores,
Lydia quem sua non, Chloë quem non tangit amantem?
Hic docet mores, & stringit Crimina, Qui non
Vim sentit recti & pulchri, maculam q; recusat?

Nunc, en! Cæsar adest, de Stirpe creatus Iuli,
Marte ac Mercurio pollens, et utrâque Minervâ.
Exarat Is Calamo, quæ fortia gesserat Ense,
Artibus an melior dubium, dicatur, an Armis.
Ipse Virûm, Cæsar, Victor per et Ora volâbes
Dilectus, modò si dirâ Ambitionis cares re.
Ambitio, Iuli! Quò Te perduxit iniquum?
Ut Brute Gladium perfenfis Pectus Amici!
"Et Tu mi Brute!"

Impietas et Patriæ Pietas, at dulcis amœnæ
Libertatis Amor! Is Vulnus vindicat omne,
Et, credo, æternos sibi Præmia poscit Honores.
Libertas! Dea pulchra, feris infesta Tyrannis
Te Dea! Te circum, nascuntur plurima semper
Gaudia, mille virent quoquo Vestigia flectis,
Larga & Opes lato profundis Copiæ cornu.
Te gradiente etiam Vultu subridet amœno
aspera Paupertas, duros oblita Labores.
Natura recreas diffuso Lumine Vultum
Gratior itque Dies, melius Solesq; renident.
Allicit et Pueros Comœdia pura Serenti
Pagina Te appello non usquam purior extat.

Luis

Plate 6: Nathaniel Gardner's *The Teacher*. *By permission of The Houghton Library, Harvard University.*

JAMES BOWDOIN
1726 - 1790

59   On George II and George III

Proximus a primo debellat Georgius hostes,
    subjiciens miti immitia regna jugo.
Tertius imperium justo libramine pensans
    dat populis pacem, publica jura tuens.
5 Foelix discrimen: famae sat utrique: decebat
    uni non tribui gloria tanta viro.

JOHN WINTHROP

1714 - 1777

Future eminent astronomer, physicist, and mathematician, Winthrop received his A.B. from Harvard in 1732. From 1738 till his death he held the professorship of mathematics and natural philosophy there. The range of his acquirements was great. The foremost teacher of science in the eighteenth century, he made sun spot observations, observed Halley's comet, made the earliest scientific expedition to study the second transit of Venus. Earlier he was the first to apply computations to the earthquake phenomena of 1755. His Latin treatise on comets was published at London in 1767. He was made a member of the Royal Society of London, and Edinburgh gave him an honorary LL.D. degree in 1771. At the same time, he had a considerable share in the public life of the Colony, and in the Revolution showed himself an ardent patriot and counselor of Washington and Franklin. Harvard in 1773 conferred upon him its first honorary degree of Doctor of Laws.

See Appleton; Duyckinck I, 135-36; Sibley IX, 240-64; *DAB*.

JOHN WINTHROP
1714 - 1777

60   The Transit of Venus and the Accession of George III

    Dum servat stellas oculis Halleius acutis
        et varias coeli perspicit arte vices,
    sidere quo crebris alerentur ab imbribus amnes
        et laetas segetes arva rigata ferant,
5   et quo spirantes Zephyri felicibus auris
        classibus Angliacis aequora tuta darent;
    dumque ita non aequo volventes orbe planetas
        ex medio lucem sole referre videt,
    congressus senior Veneris cum sole futuros
10   prospiciens tantoque omine laetus, ait:
    "Qualia volvendo non secula lapsa tulere,
        haec miranda aestas una eademque dabit.
    Apparet facies rerum pulcherrima coelo,
        nec minor in terris conspicietur honos.
15   Quo splendore novus thalamo sol aureus exit,
        Georgius hoc cinctum fert juvenile caput,
    nec Venus aetherios micat inter purior ignes,
        virgineos ornat quam Caroletta choros:
    his cito conjunctis sociali lege, videtur
20   aemula stellanti terra Britanna polo."

FRANCIS BERNARD

1712 - 1779

Bernard was born in England and graduated from Christ Church, Oxford, with an M.A. in 1736. For a time he practiced law. Appointed first as Royal Governor of New Jersey in 1758, he was named Governor of Massachusetts two years later. In the turbulent times of his office Bernard showed considerable temper and little talent for conciliation. But it was his suggestion in 1761 that Harvard should follow the example of the English universities and compose a volume of poems in Latin, English and Greek on the death of George II and the accession of George III. In the *Boston News Letter* of 19 March 1761 is a description of the contest as posted at Harvard Chapel to the effect that a prize of six shillings would be paid for the best Latin oration, best Latin hexameter poem, best Latin elegy, and best Latin ode. Submissions were to be made before 1 July 1761. Later in the year the volume appeared with the title *Pietas et Gratulatio* (no. 8877 in Charles Evans' *American Bibliography*). The first poem in it is by Bernard, but there is some doubt about the authorship of various other contributions. London reviewers were restrained in their praise. In 1764 when Harvard suffered a disastrous fire that destroyed some 5,000 books, Bernard sought to raise funds for the College. But his administration remained unpopular for its support of the Stamp Act and other measures, and Bernard was removed from his post in 1769. His later years he spent in England. In 1772 he received a D.C.L. from Oxford. Bernard was a good classical scholar as evidenced by his edition in 1752 of the Latin poetical works of Anthony Alsop.

On Bernard, see Appleton; *DNB; DAB;* Morison, *Three Centuries,* pp. 94-96. On the *Pietas,* see Duyckinck I, 11-14; Tyler 1880: 58-63; Justin Winsor, *"Pietas et Gratulatio:* Inquiry into Authorship of the Pieces," *Harvard Bibliographical Contributions,* no. 4 (Cambridge, Mass., 1879); Charles Evans, *American Bibliography;* Morison, *Three Centuries,* p. 115; *Papers of the Bibliographical Society of America,* XXXIX (1945), 321-22.

FRANCIS BERNARD
1712 - 1779

61   The Future Glories of the American Muse

    Isis et Camus placide fluentes,
    qua novem fastos celebrant sorores,
    deferunt vatum pretiosa regi
            dona Britanno.

5   Audit haec flumen, prope Bostonenses
    quod Novanglorum studiis dicatas
    abluit sedes, eademque sperat
            munera ferre.

    Obstat huic Phoebus, chorus omnis obstat
10 virginum; frustra officiosa pensum
    tentat insuetum indocilis ferire
            plectra juventus.

    Attamen, si quid studium placendi,
    si valent quidquam pietas fidesque
15 civica, omnino rudis haud peribit
            gratia Musae.

    Quin erit tempus, cupidi augurantur
    vana ni vates, sua cum Novanglis
    grandius quoddam meliusque carmen
20   chorda sonabit,

    dum regit mundum occiduum Britannus,
    et suas artes, sua jura terris
    dat novis, nullis cohibenda metis
            regna capessens;

25   dum Deus, pendens agitationes
gentium, fluxo moderatur orbi,
passus humanum genus hic perire,
                hic renovari.

NOV-ANGLUS

1762

The newspaper text of this anonymous poem is in places badly smudged. Here and there one feels almost that the Latinity is also slightly "smudged."

NOV-ANGLUS
1762

62   Carmen Elegiacum.
Thema:
Pax Bello Potior

Musa canit tristis mortem, tum vulnera mortis
quae terras nimio sparserunt sanguine nostras,
tot laudes heroum quot maestaque funera fando.
Numine fidamus potius quam robore ferri.
5 Nobilis ex ortu Mavortis promptus ad arma
How fuit illustris, terra longeque remota
Tycondrogensi memorandus mortuus heros.
Magnanimus Prideaux meritae jam praemia palmae
poscat, qui cecidit Niagrae insignis in armis;
10 laus semperque ejus nobis memorabilis esto.
Wolfius hos sequitur, non ipso fortior ullus.
Dux erat armipotens militum contra Canadaros:
victor enim vivens pavidos vicit moriendo;
gloria nobiscum praestans grandisque manebit.
15 Quos heroas domitos a morte Nov-Anglia luget,
conjunctim quoniam nos contra surgere gentes.
Urget Iberia Francorum bella horrida bella,
nobismet pacem solitam nutrire recusans.
Quid fatum populos agitat formidine dirum!
20 Qui sese brutis facile convertere possunt,
Hesperii et Galli jam jam pro sanguine nostro
quam sitiunt! ursae in sylvis similesque voraci,
quae vult purpureo famem satiare cruore.
Vicinos ipsi placidos compellere ad arma

25   tentarunt passim, quod schema Britannia ridet,
atque Deo fidens poterit subvertere pactum.
Surgite de somnis securis nempe Nov-Angli
progeniesque patrum, qui non clangore tubarum
terrifici campum diri Martisque ferocis
30   intrarunt, dextris rutilasque vibrantibus enses
hostes spreverunt campis, vel morte cadebant:
namque mori magis optabant quam vivere victi.
Talibus hic natos dignos genitoribus esse
monstremus nosmet, veterem spirantibus ignem.
35   Invictis animis restat victoria Lethi.
Surgite, vos juvenes, patriam defendite vestram:
ductor erit magnus fortes onerare tropaeis
Amherstus, cui vivit honos vivatque in aeternum.

WILLIAM HOOPER

1742 - 1790

William Hooper, the "Signer," took his A.B. at Harvard in 1760, thereafter practiced law in North Carolina, later becoming Attorney General of the State. An eloquent speaker, he was a member of the Continental Congress. His literary activity was highly limited, and clearly done under the influence of his student days.

See *DAB;* Sibley XIV, 624-37.

WILLIAM HOOPER
1742 - 1790

63   In Obitum Roberti Kennedy...

Quid frustra erepti fatis quaeramus amici
    Roberti meritis carmina digna dari,
cum musae charitesque omnes comitentur ademptum
    et tantae cladi se superesse negent?
5 Omnia quae longa indulget mortalibus aetas,
    haec Roberte tibi prima juventa dedit,
robore cum magno ingenii docta arte politi
    pectus labe carens ingenuumque animum;
excoluit virtus animum ingeniumque Camenae
10   successu studio consilioque pari.
Hunc pudor innocuus mentis moresque benigni
    fecerunt carum civibus esse suis;
his ducibus fretus multum telluris obivit,
    legibus Europae moribus et variis
15 edoctus, penitusque alio sub sole repostas
    longinquas terras lustrat is Americae,
instructus linguis quas Roma et Iberia cuncta,
    quas cum Germanis Gallia docta sonat.
Omnibus is civis, talem si lingua patrasset,
20   is civem nobis esse ratum cupiit.
Sed frustra in studiis placuit tibi ducere vitam,
    mores humanos discere quidque iuvat,
et procul a patria peregrinos bibere fontes
    filia cum Cereris non sat amica foret?
25 Kennede te prima rapuerunt fata juventa

post septem vitae lustra peracta tuae.
Vitae summa brevis vanis jactata procellis
 tandem cum primo deperiensque noto!
Et jam fama volans tristis praenuncia fati
30 attigit ah patrem, relliquiaeque patent.
Continuo luctus resonat per patria tecta,
 nec puduit ruptis exululare comis;
ecce senex vitaeque decem bis lustra peractus
 cui sacram frontem ruga senilis arat,
35 procumbens urnae canos rumpensque capillos,
 perque sinus lachrymae fluminis instar eunt.
Tunc magnos gemitus verba inter singula fundens
 eloquiturque urnae lumina fixa tenet.
"Quam cito te nobis fili, gratissime fili,
40 eripuit fati deproperata dies?
Tu mihi debebas suprema munera vitae
 solvere, funereis et superesse meis;
sed nunc dura tulit te mors oriente juventa,
 parsque mei potuit me superante mori.
45 Invidet en coelum, mores miratur et artes
 reddere quae superis te valuisse parem
te jubet, atque mihi placido sic edidit ore,
 'Parce parens lachrymas, fugiat ipse dolor,
astra deum plaudente choro nunc filius intrat
50 Kennedus et superum jussa minister obit.
Hunc doctum tribuit studium, natura benignum,
 esse brevis vitae mors inimica dedit.
Vivida perpetuum sed gloria floret in aevum,
 ut penset vitam perpete laude brevem.
55 Omnia quippe piae vitae et sinceriter actae
 praemia Robertus non peritura tenet.' "

H.

1764

Almost certainly, H. is the same as William Hooper. See p. 147.

H.
1764

64 In obitum dolendum Josiae Crockeri,
A.M., qui fatis concessit immaturis
Easthami, Nov. Ang., XII Kalend. Jun.,
anno aerae Christianae vulgaris
MDCCLXIV, aetatis suae XXIV:
ad patrem ejus superstitem.

Haec tibi, sancte senex, funebria maesta dicamus
egregii juvenis, tibi quo non charior alter.
Tu sobolem ploras, sobolem longumque dolebis:
Religio, Virtus, Artes et turba sophorum
5 ereptum revocare volunt. Mors atra triumphat,
sacraque languescunt quibus est promissa potestas,
nuper huic doctrinis et pietate probato.
Crockere, dura tulit te mors, oriente juventa,
atque meo immenso desunt nunc verba dolori,
10 o mihi pergratos inter memorande sodales!
Fidus amicitia, tu primis junctus ab annis
dum faciles animi nostri, dum mobilis aetas,
quid nisi tot lusus et tot mea seria nosses?
Doctrinae fontes bibimus et nos simul ipsi;
15 mater et alma, tuos pariter nos carpsimus hortos.
Crockere, quid prodest studium tibi ad ardua tendens?
quod tu contemnens ludos fugiensque soporem
noctes duxisti vigiles doctisque dedisti?
Aetatis tenerae tempus non talia ferre.
20 Haudque salus potuit, connitens stamine parvo;
aetatis rigidos alii est perferre labores.
Ah, vox pertristis patris nunc percutit aures!

Luctibus indulgens, hominum consortia vitans,
singultuque graves interrumpente querelas,
25 sic ait illachrymans sanctus, aetate gravatus,
procumbens juvenis tumulo trepidansque gemensque:
'Non haec, o fili, dederat promissa juventus!
Nuper vernantes, posthac aetate repletos
carpere sperabam fructus, solamina patris,
30 credulitate fovens mentem; spes irrita cadit.
Tu mihi debebas finitae munera vitae
solvere funereis, cineri superesse meoque,
sed tu praecipiti fato praerepte severo!
Quid mihi nunc superest nisi te plorare peremptum?'
35 Ah, lachrymas absterge, senex, et conprime luctus!
Quid charam crucias tam saevis luctibus umbram?
Nec tamen humanum nec incusare verendum
aude Deum sanctum: sat vixit qui bene vixit.
Hunc quamquam prima rapuerunt fata juventa,
40 mens invicta malis ex illo corpore cessit,
atque tui nati laudes non terminat urna.
Quod mortale fuit, rapuit mors: fama virescet,
fama accrescet ei nullo delebilis aevo.
Ter felix subit ille pios carpitque quietem
45 Elysiam; posthac illic charosque parentes
inveniet florentes, non peritura tenentes
praemia sincerae vitae pietate peractae.
I decus, i nostrum! terras relinquere gaudes;
astra Deum plaudente choro novus incola scandis;
50 caelicolae intrantem te congratulantur ovantes.
Jam virtus hominum et favor spondebat honores,
sed vulgaris honos meritis minor: hucce venisti,
huc ubi perpetuum tua gloria floret in aevum.

ANONYMOUS
1771

According to its charter of 1693, the College of William and Mary was granted by its namesake British majesties 20,000 acres of land, providing that each year, forever, on the fifth of November, the president and professors of the College deposit at the house of the Governor or Vice-Governor of Virginia *duo exemplaria carminum lingua latina conscriptorum*. William Byrd in his *Diary* of 5 November 1711 mentions his witnessing that day the presentation of two Latin poems to the Governor. Only a half-dozen or so poems, from the period 1771-1774, have come to light.

See Louis B. Wright and Marion Tinling, *The Secret Diary of William Byrd of Westover, 1709-1712* (Richmond, 1941), p. 433; Edgar W. Knight, *A Documentary History of Education in the South* (Chapel Hill, 1949), I, 436-37, 544-45 (the latter pages containing a text of the *Hinc procul* poem).

ANONYMOUS
1771

65   To His Excellency, the Right Honourable John, Earl of Dunmore, His Majesty's Lieutenant Governor General, Commander in Chief of the Colony and Dominion of Virginia, and Vice-Admiral of the Same. Nonis Novembris, MDCCLXXI.

    Hinc procul, o procul este profani! Daedala tellus
submittat fruges; pro salvis dona maritis
grata ferant sponsae sertisque recentibus halet
ara tibi, crebro Britonum celebrata per urbes,
5 hic et ubique Deus! Memori de pectore grates
depromant cuncti pariter juvenesque senesque.
Jam nox atra polo piceam detraxerat umbram,
nec tamen aut roseis digitis Aurora refulget,
aureus aut Titan ostentat lampada terris;
10 cuncta tenent tenebrae; quin sol trepidavit et ipse
mundus ne rueret repetens compage soluta
antiquum chaos. En pavor undique et undique
      lethum est.
Conscia fama volat, simul et [?] quisque pavendo
dat vires illi; ignotoque auctore malorum,
15 quod timuere fovent. Nec solum vulgus acerbo
perculsum terrore tremit, sed Curia et ipse.
Sedibus exiluere patres. Caelestia tangat
dummodo corda stupor, stupuere. At fallere quicquam
possit eum mare qui terras qui numine torquet
20 caelum, qui motus animi sensusque latentes
rimatur? Deus ipse Deus qua mole parentur

insidiae quantumque caput sic fraude petatur
vidit et ingemuit: Phoebum splendescere clare
praecipit: "Heus fiat factum," subitoque in apertam
25 proripuit lucem quos strinxerat impius error
papicolas; ausus sontes patefecit ad auras,
auctores stravit; nec enim sua dextera aberrat
cum feriat candente manu. O Jupiter alme,
in quem tota hominum gens inclinata recumbit,
30 o columen Britonumque stator Britonumque nepotum,
sis bonus; o felixque, tuis sic semper adesto,
terrarum caelique parens, semperque placeto
parcere subjectis et debellare superbos.

ANONYMOUS
1772

See the preceding notice, p. 153.

ANONYMOUS
1772

66 To His Excellency, etc., Nonis Novembris MDCCLXXII

"Aude, Hospes, Contemnere Opes"

Fulmen uti rutilans annosas dejicit ornos,
    at frutices parvos praeterit ira Jovis,
pauper in aere suo curas haud sentit edaces
    quae circumvolitant et comitantur opes.
5 Hunc fortuna favens sublimen ad sidera tollit,
    ast illum cumulo praegravat atra mali;
ipse inconcussus cernit ridetque procellas,
    in tuto positus perfugio atque sinu.
Huic sylvae tegimen praebent, huic murmura rivus,
10   sollicitat somnos umbraque grata leves.
Stratus humi teneros luctantes cornibus haedos,
    aut detondentes gramina spectat oves.
Ut juvat ex agris redeuntem vespere lassum
    ridentem pura luce videre focum!
15 Utque videre juvat redeuntes nocte juvencos,
    vomeribus versis, approperare domum!
Interea haerentes collo nati oscula jungunt,
    demulcetque hilaris sponsa pudica virum.
At tu, qui celsa late dominaris in aula, et
20   divitias, quantas Attalus ipse, tenes,
quod nondum es vitae casus expertus acerbos,
    ne tumido fastu pectora plena geras;
nam fortuna levis varios transmutat honores,

et certam praesens vix habet hora fidem.
25 Mane fuit Croesus gazis opibusque superbus,
ac gentes habuit sub ditione sua,
nox piceo et nondum terras velarat amictu,
cogitur externo subdere colla jugo.
Sic rosa mane viget vernoque colore renidet,
30 deciduas ponit pendula nocte comas.

ANONYMOUS
1773

See p. 153.

ANONYMOUS
1773

67 To His Excellency, etc., Nonis Novembris MDCCLXXIII

**Nescio qua natale solum dulcedine cunctos
ducit, et immemores non sinit esse sui.**
                Ovid (*Epist. ex Ponto* 1.3.35-6)

Pertaesus patriae, valido correptus amore
   mutandi caelum quo nova nulla videt,
montibus excelsis descendit Cambro-Britannus,
   Italiae valles laetaque rura petit.
5 Huc latus molli se percipit aere cinctum,
   aurea poma vorat, mitia vina bibit.
Intentis oculis lustrat spectacula pulchra,
   aedes miratur culminibus nitidis;
aspectat turres celsas splendore micantes,
10 atque stupet templis ac statuis inhiat.
Exclamat postremo, "Vix ea vita vocanda
   quam degi vilem cum populoque rudi.'
At veneres novitas tandem diffundere cessat:
   mente sitit patriam, sic queriturque gemens:
15 "Hei mihi! quod nostros non possum cernere montes,
   non possum pecudes cernere lanigeras,
nec haedos hirtos, pendentes rupibus altis;
   his nuper notis quam magis illa juvant!
Quando iterum pascam distentas lacte capellas?
20 Quando iterum siccans ubera plena premam?
Vae mihi! non solito redolent mea viscera porro,
   caseus haud pinguis nunc mihi tostus adest.
Wallia, dulce solum, peream porrigine turpi
   si pateat toto gratior orbe locus."

ANONYMOUS
 1773

See p. 153.

ANONYMOUS
1773

68   **To His Excellency, etc.,
Nonis Novembris MDCCLXXIII
Non Domi**

    Si te promeritus fui, Carine,
    et semper volui domi videre,
    sit sedes tua longius superba:
    sed sum proximus ad pyrum virentem,
5   eheu, civis ego, Jovem vetustum
    cernit rustica Flora qua tonantem.
    Est vincenda mihi laboriosa,
    infamis meretricibus, Suburra,
    et gressu madido periculosa
10 semper saxa, daturque vix onustos
    mulos vincere, quaeque fune multo
    cernis marmora sumptuosa duci.
    Illud durius est adhuc, labores
    quod post mille graves, Carine, saepe
15 te non janitor intus esse dicit.
    Foedus terminus hic mei laboris,
    ac udo togulae luto madentis.
    Tanti cernere vix fuit Carinum.
    Sed nunc esse vicarius recuso,
20 et rex esse meus quidem superbus
    non, ni dormieris, potes, Carine.

ANONYMOUS
1774

See p. 153.

ANONYMOUS
1774

69   To His Excellency, etc.,
Nonis Novembris MDCCLXXIV
Solis Invocatio

Sol, qui perpetua mundum vertigine lustras,
alme parens rerum, caeli decus et stellarum
princeps, aeterni fons luminis, undique cernens
omnia, puniceo dum Persida linquis ab ortu,
5 et pergens tandem occiduis absconderis undis,
atque eadem rursus repetis vestigia semper,
per te cuncta patent, noctis quibus umbra colorem
abstulerat, tenebris tua non patientibus ora.
Mundi oculus, qui transverso dum limite curris
10 per duodena means animantum idola, quaternis
dispensas annum spatiis, et tempora mutas
et cum temporibus quicquid generatur in orbe.
O sanctum jubar, o divum pulcherrime, salve!
Te colimus, tibi sincero de pectore laudes
15 fundimus: at tu hodie laeto nos respice vultu
et laetum concede diem redeasque benignus.
Nubila diffugiant, aer sit ubique serenus,
adventuque tuo ponti vada salsa quiescant,
et sit iter tutum cupidis per caerula nautis.
20 Non segeti, non arboribus, non vitibus imber
insanusve obsit turbo lapidosave grando,
sed blandas Pyrois afflet mortalibus auras,
accipiantque tuo reditu, Deus, omnia pacem.
Salve, praesidium et sacris tutela poetis!

25 Tu vatum mentes divino numine reples,
ipsorum moves ad dulcia carmina linguas,
tu dignos lauroque facis famaque perenni.
Salve igitur dexterque mihi sis quaeso petenti,
et faveas coeptis et nostros dirige cursus.
30 Me non immerito tum Dux Dunmorus amabit
et tollet secum bellator in aethera vatem:
sic aquila scindas subvectus regule nubes.

ANONYMOUS

1775

The unknown poet, writing at Philadelphia, transmitted his poem to the editor of the *Pennsylvania Magazine,* characterizing it as an "irregular Ode."

ANONYMOUS
1775

70   **In Geo. Washington, ducis supremi munere a senatu populoque Americano donatum**

Te vocat Boston (ubi dux iniquus
obsidet cives miseros, et obstat
urbe quo cedant minus) excitatque
      pristina virtus.

5 Prospere cedat, bone, quod pararis;
occidunt cives, gladio petita
heu perit virgo misere, atque clamor
      personat aures.

Di boni dent nunc tibi quae precamur:
10 sospitem ac reddant populo dolenti,
hostium turmas subito repellas
      caede furentes.

Te manent plausus, favor et benignus
omnium quotquot tenet ora nostra,
15 quo ruit saevus sanie profusus
      Indicus olim.

JOHN PARKE
1754 - 1789

Parke was born in Dover, Delaware, received an A. B. degree from the College of Philadelphia, studied law for four years under a future Chief Justice of Pennsylvania, received the A. M. degree from the College of Philadelphia in the spring of 1775, and then joined the Continental Army. Active campaigning did not prevent him from the steady translating of classical Greek and Latin poets which he had commenced before hostilities and persevered in even after resigning his colonel's commission. His original English verse is not his most memorable effort; rather he is known today for the first American translation of the Odes and Epodes of Horace, in which he shows both competency and imagination. He dedicated the volume to General George Washington.

See Duyckinck I, 305-308; *DAB;* Leo M. Kaiser, "The First American Translation of the *Odes* and *Epodes* of Horace," *The Classical Journal,* LX (1965), 220-30.

JOHN PARKE
1754 - 1789

71 On Colonel John Haselet, Who Fell at Princeton

An vanis inscripta notis angustior urna,
    Phidiacumve loquens nobile marmor opus,
an revocent animam fatali a sede fugacem,
    dentque iterum vita posse priore frui?
5 Possit adulantum sermo penetrare sepulchrum,
    evocet aut manes laus et inanis honor?

72 Praise of Horace

Ferri secundo mens avet impetu,
qua cygniformes per liquidum aethera,
    te, diva, vim praebente, vates
        explicuit Venusinus alas,

5   solers modorum seu puerum trucem
cum matre flava, seu caneret rosas
    et vina, Cyrrhaeis Hetruscum
        rite beans equitem sub antris.

ANDREW CROSWELL
1709 - 1785

From Harvard, Croswell received an A. B. in 1728, an M. A. in 1731. He was appointed minister at Groton, Conn., and for much of his career engaged in vigorous religious controversy. Eventually he established his own church in Boston, joining in all the major religious disputes of the decade before the Revolution. A religious radical, he was a reformer in matters small and great. His only verse consists in the four Latin poems occasioned by the death of his wife, for which he provided English verse translations.

See Sibley VIII, 386-407.

ANDREW CROSWELL
1709 - 1785

73   **In Memoriam Dominae Rebeccae Croswell**

Omnes debemur morti, paulumque morati
serius aut citius sedem properamus ad unam.
Altera pars animae crudeli morte perempta est:
forma perit pulchrae mulieris, dulce putrescit
5   corpus, et offendet naso suavissima rosa.
Foemina nulla placet; chara muliere sepulta,
omnis amor mulierum est mortuus atque sepultus.
Non ego viventes cupio; mihi sola placebit
quae nunc sub terra putrescit mortua conjux.
10   Te, dulcis conjux, cogito, te defleo saepe,
injussae veniunt lachrymae, te diligo semper.
Tempore non decrescit amor, mihi crescit in horas.
Si de te posses mentem cognoscere nostram,
incola coelestis si tantum cernere amorem,
15   laetarer.
Quid dicis? Satis est haec consolatio Christi;
mors cita nos prope nunc absentes junget amantes:
cum Christo in coelis erimus semperque beati.

JAMES ROSS
1743 - 1827

Ross was born in Oxford Township, Chester Country, Pa. on 18 May 1743, son of William Ross, an Irish emigrant. In the *Minutes of the Trustees of the College of Philadelphia,* 16 May 1775, a mandate was ordered to be made out "for conferring the honorary degree of Master of Arts" on Ross who was one of the assistants in the Grammar School. In October he resigned his position to become professor of languages in what was to be Dickinson College in Carlisle, Pa. In the spring of 1793, he opened a grammar school in Chambersburg, Pa. About 1800 he removed to Lancaster, Pa., where for a time he was professor of languages at Franklin College. A letter in the Archives of the University of Pennsylvania reveals that by 1810 he was perhaps tutoring the classical languages in Philadelphia. He died in Philadelphia on 6 July 1827. While he wrote Latin poems for periodicals and newspapers, he also published scholarly works including a Latin Grammar (Chambersburg, 1798) that reached a seventh edition in his lifetime, and school editions or revisions of editions of Caesar, Aesop, Corderius' *Colloquies,* and the *Colloquies* of Erasmus among others, between 1805 and 1822. Less than ten Latin poems by him seem to have survived, mainly elegies and lyric pieces celebrating special occasions, personal or public. One curious Sapphic poem, dedicated in 1815 to Chief Justice William Tilghman of the Pennsylvania Supreme Court, laments the poor Latin instruction of the day.

See George Sharswood, *Address Delivered at the University of Pennsylvania, before the Society of the Alumni... December 10th, 1856* (Philadelphia, 1857), p. 7; George Norcross, ed., *The Centennial Memoir of the Presbytery of Carlisle* (Harrisburg, Pa., 1889), II, 337-38; Joseph H. Dubbs, *History of Franklin and Marshall College* (Lancaster, Pa., 1903); *The National Cyclopedia,* V (1907), 106, where a portrait is included; James H. Morgan, *Dickinson College* (Carlisle, Pa., 1933).

JAMES ROSS
1743 - 1827

74 In Carolum Nisbet Sacrosanctae Theologiae Doctorem ex Gravi Morbo Convalescentem

    Qualis in silvis dubius viator
    semitas spectat varias, pedes quo
    vertat incertus, pavidusque sistit
            omnia lustrans,

5 haud secus cives oculis inquirunt,
    nesciunt, tristes animo et volutant
    quem vocent doctum tenerae excolendae
            arte juventae.

    Venit et tandem (nitidum diem nunc
10 compita et silvae revocate laeta)
    Nisbet — O vivas, Deus atque fati
            proroget horam.

    Heu! piget tempus memorare quo te
    languidum, infirmum, patriae penates
15 vidimus moestum et cupere ut redires
            per mare saevum.

    Coskrides frustra medicae peritus
    artis explorans aditus salutis
    proximos tentat, via sed nec ulla
20   dirigit artem.

    Tristis it fama varias per oras,
    quanta si saevus rueret per altas
    hostis armatusque domos cruentus
            sterneret omnes.

25 Nil valent artes medici periti,
   nil valent herbae penitus potentes
   nunc requisitae, solitaeque multis
               ferre salutem.

   Sed Deus praesens inopi levamen
30 praestitit, clemens rapuitque fatis
   mortis, et vivit monumentum amoris
               numinis in nos.

75 In obitum viri clarissimi Caroli Nisbet, D.D., Coll. Dickinson. Praesidis, qui octodecimo Januarii, A.D. 1804, vita decessit

   Te quoque, qui nostris dignatus vivere, Nisbet,
     finibus, eripuit mors, fera te eripuit!
   Tu tandem fessus metam finemque laborum,
     docte, invenisti, corpore deposito.
5 Praeclarus turbas hominum sociosque relictos,
     morte redemptus, nunc despicis altivolus.
   Divitias quoque habes partas hic, munera culta
     mentis nempe bonae, quas dedit ipse Deus.
   Haec autem, vestes, aurum, popularis et aura,
10   grata licet quondam et fulgida, diffugiunt.
   Finito ergo opere propter quod missus in orbem,
     tempore et expleto, convenit ut redeas.
   Haud aliter servus, longas legatus in oras,
     qui domino rediit iam revocante domum.
15 Nuncius Americorum hic tristes pervolat oras,
     "Nisbet mortuus! Heu, doctus et ille perit!"
   Mentibus, ore, oculis, studiosi — academia plorat —

    Nisbet nunc quaerunt auxilio ut subeat.
    Nisbet namque docens vestigia quae sua pressit,
20   non aliena sequens; legit at ille sua.
    Nisbet eos docuit falso secernere verum,
      atque domique foris sedulus officio.
    Nisbet eos docuit rerum cognoscere causas;
      Nisbet et instituit quaerere vera bona.
25   O quoties, praeco pandis cum themata sacra,
      "Vivito," dixi, "nec sit brevis hora tua!
    O felix sortita hunc, fausta Columbia, tellus!
      Vivito Nisbet, nec mors fera te rapiat!"
    "Fidite ne vestris! Heu, vana opera omnia!" dixit,
30   "Confugite ad Iesum, vita in eoque salus."
    Vivere si licuisset nunc, o si frueremur
      voce tua, aspectu consilioque pio!
    O utinam vixisses! omnia namque videntur
      rapta simul tecum, votaque nostra iacent!
35   Cecropidae Anytique reum flebantque Platona:
      Nisbet, te iuvenes non secus atque gement.
    Vivet in aeternum virtus tua, nulla vetustas
      delebit famam conspicuumque decus.
    De patriaque tua fors si certabitur olim,
40   te volet esse suum haec illaque et esse suum.
    Nulla aetasque futura tacebit nomina Nisbet,
      per terrarum orbem clara, negata mori.

76   Three Poets in Three Ages
Interpretatio Latina

Nempe tres vates totidemque seclis
dissitis terris patriisque nati
Gaeciam doctam, Latium vetustum,
    Angliam et ornant.

5 Primus excellens animo profundo,
alter insignisque stylo loquendi,
tertius major, superans duobus
    praestitit ambos.

Pressa natura et validisque summis
10 viribus utens alium nequivit
fingere illustrem; illa ideo priores
    junxit et ambos.

77   In obitum Mariae Ross, filiae Ja. Ross, Imperatoris municipio Lancastriensi, quae die octodecimo Julii, 1803, obiit

Threnus Virginum Sociarum Mariae Ross

Exiit ergo Maria, et amanda ac cara Maria!
  Exiit aethereas incolitura domos.
Exiit heu! dulcis nobis nunquam reditura;
  obvia nunquam oculis post erit cara comes.
5 Mortua namque Maria, est mortua pulchra Maria,
  pompae olim nostrae quae decus eximium.
Numinis haud tecum sacratas ibimus aras;
  non manibus structas incolis alta domos.

O quoties et quanta locuta est nostra Maria,
10   dulce faceta ferens dignaque mente pia!
Nos tibi funereos igitur faciemus honores,
    nos lachrymas ferimus munera, nos gemitus.
Audiet et respondebit resonabilis Echo,
    audiet et flentes nos tacitumque nemus.
15 Interea lachrymare viae collesque videntur:
    cara Maria perit, nostra Maria perit!
Voce suprema ter cita; nos nunc condimus urna
    relliquias hujus: cara Maria vale!
Fama diu at terris durabunt nomina, virtus
20   insignis tua, laus egregiumque decus.

78   In Obitum Gulielmi Thomson,
Humaniorum Literarum et Graecae Linguae
Professoris Praeclari Aulae Nassovicae
Aedibus; Qui Urbe Philadelphiensi
Septimo Kal. Septembris A. D. 1812,
Supremum Spiritum Exhalavit

Attigit et tandem vitae ultima doctus amicus,
    spiritus atque Deo coelipetens rediit.
Nunc caput illius immotum jacet illico amatum,
    insignis de aliis qui toties meruit.
5 Qui Domino moritur benedictus, namque quiescit
    usque labore suo, dum comitatur opus.
Amplius haud rerum civilibus obrutus undis,
    nunc vacuus curis, abditus est tumulo.
Abditus et tumulo, crambe non pressus iniqua,
10   quae repetita premit, suffocat atque necat!
Munere namque impleto non terrestria curat,

manibus haec sordent omnibus atque piis.

Saepius in silvis Academi vadimus ambo,
nobis ac eadem praebuit herba torum.
15 Saepius ac laeti campos peragravimus una
margine Limi Albi propter aquae fluvios.
Saepius et juvenum classis recitavit Alethi.
Dulcis Alethes! Te carmine quo referam?
Namque modo hic cecinit pulchre quae scripsit Homerus,
20 deinde legens cecinit nunc Ciceronis opus.
Maeonidae versus olim cantavit Alethes;
tempora mutantur, cantus et iste silet.
Ullus adest sylvis qui nunc certaret Alethi?
Urbibus aut campis qui canat huic similis?

25 Vallibus atque Novae cecinit Thomsonius Arcae,
unde abiit clarus, flebilis atque bonis.
Montibus ac vestris cecinit, vos Protopolitae —
hinc cessit vestrum deliciumque decus.
Nassovica quando similem huic spectabitis Aula,
30 doctrina, ingenio, moribus atque piis?
Cur ita in hunc dignum saevi jurastis acerbe?
Heu! tanti sceleris poeniteat miseros!
Nam vos, sicut Erostratus olim templa Dianae,
ussistis flammis gymnasium tremulis!

35 Praemia rara dabunt homines doctoribus aequa,
quos cruciant vinclis, litibus, exilio.
Clara at in aeternum durabunt nomina Thomson,
doctrina, linguis, moribus ac studio.

79

Victoria Neo-Aureliana Januarii die octavo A.D. 1815. Pax Gandavensis

Gloriam coeli Domino canamus,
nam triumphalem tulit ipse palmam:
hostis armati repulit phalanges
        funere victas.

5 Ergo laudemus Dominum salutis,
pacis autorem columenque rerum,
namque servavit capita atque vitas
        tempore belli.

Hostium turmas equitum feroces,
10 sanguinem et ferrum patriae minari
vidimus, saevas violare sacra
        littora caede.

Milites tetros agere atque praedam,
et focos nostros spoliare et aras
15 vidimus moesti, populare et agros,
        caedere cives.

Tincta erat tellus Borealis orae
sanguine, Raisin fluviusque vidit
civium strages rabiemque diram
20   hostis amari.

Caede testatur fluviusque Raisin
corpora strata hic tumulis vacata,
quae jacent passim (jacuere turba)
        heu, miseranda!

25 Hic jacet corpus tenerae puellae,
hic jacent membra puerique mollis,
hic jacent fortes similes nec ipsis
                    vulnere foedo.

Hostis ac Indos socios habebat,
30 qui colunt silvas nemorumque saltus
et latent furtimque viros trucidant
                    vertice caeso.

Indus immanis rapit inde pellem,
hostis ostentat ferus, heu, nefas, heu!
35 Deinde suspendit, quasi sit tropaeum,
                    regis ad aulam.

Ah, nefas ingens scelus et luendum,
et, licet non nunc, tamen expiandum:
vos duces ausi scelus hoc luetis
40   supplicio omnes.

Heu, nimis fluxit Borealis unda
caedibus civum minime merentum!
Hostis haud parsit puero latenti
                    matris in alvo.

45 Hostis et dixit malus et superbus,
'Persequar, caedam populos Columbi,
dividam cives faciamque finem
                    gentis iniquae.

'Dividam campos patriaeque fines
50 quos colant Indi (coluere quondam)
et premam nautas ratibus coactos
                    jungere nostris.

'Scilicet vinclis gravibusque poenis
omnibus cogam violare jura,
55   aut luent mortem cruciatu et omni
                     carceris antro.'

Ah, ubi nautae miseri et neglecti?
Nuncii, reges, ubi sunt marini?
Pace composta dabitisne nulla
60   munera nautis?

Qui jacent vinclisque foris subacti
nec vident solem tenebris voluti,
sed vocant frustra socios amicos
                     qui procul absunt,

65   Hi bonam paci tribuere partem,
fortiter nam se patriae dederunt;
non reformidant metuuntve mortis
                     fata futura.

Tempus et volvet properatque velox
70   quo duces Angli, socii atque Hiberni
et Scoti audaces, alii et Britanni
                     morte jacebunt.

Hostium turmae cecidere terra,
hostium naves cecidere ponto;
75   et mari et terra tulimus triumphum
                     hoste fugato.

Ni Deus victus precibus piorum
afforet nobis, cecidisset omne;
numen at nobis fuit in juvamen,
80   victus et hostis.

Hostis et dixit graviter coactus,
magna pro nobis Dominus peregit.
'Magna pro nobis Dominus peregit'
    dicimus et nos.

85 Jackson, o vivas, tribuatque numen
ver tibi longum tepidasque brumas,
ut sit oppressis requies laborum
    terra Columbi.

Vivito fortis patriaeque carus,
90 liber et tutus manibus malorum,
advenis aequis patria ut Columbi
    adsit asylum.

Liberi cives patriae ac amantes,
gratias cuncti date nunc verendo
95 numini, qui nos tenues levavit
    rebus in arctis.

Jamque servati manibus protervis
hostium, vita metuamus omni
numen aeternum, clypeum salutis
100   omnibus horis.

Gloria ac laudes tibi, numen, esto,
gloria excelsis tribuatur omni,
namque texisti capita atque membra
    tuta periclis.

105 Ergo laudemus Dominum cohortum
qui procul nostris domibus fugavit
hostium turmas, aciesque victas
    reddidit omnes.

80

**In Memoriam Joannis Andrews, D.D.,
Docti Universitatis Pennsylvaniensis
Praefecti, Qui Morte Non Inopinanter
Expectata, Fatis Cessit Martii
Vicesimo et Nono, Annoque Domini
Salutis Humanae 1813**

Ultimus ille dies venit qui nos manet omnes,
   qui finis vitae principiumque simul.
Mors aequo pulsat pede pauperis aeque tabernam
   ac aulam ditis, sternit et eximium.
5 Nulli etenim doctisve piis parcit Libitina,
   invida quos spectat, quos et acerba rapit.
Andreus est mortuus nostris qui natus in oris,
   doctrina clarus, moribus atque piis.
Ungue etenim a tenero instructus Graecisque Latinis
10 literulis fuerat, claruit ac genio.
Quid fuit antiquis olim quod nesciit Andreus?
   Hos nam versarat nocte dieque — manu.
Ac ideo potuit multos recitare poetum
   versiculos veterum, tempore quo voluit.
15 Discipulos nobis urbes testantur et arva
   claros quos docuit, quos patriaeque tulit.
Nec mirandum adeo si sic doctissimus esset;
   doctus erat doctis, auspicibusque probis.
His ducibus, solers plenos septem dedit annos
20 Graiorum studiis ac Latiis vigilans.
Deinde alios studiique gradus progressus ad altos,
   his tandem victis, extitit eximius.
Mortuus est Andreus, gemit heu! resonabilis Echo
   mortuus est Andreus! mortuus ille bonus.

25 Lethalis sopor en! premit, haud citabitur Andreus;
        dormiet Endymion, corpore deposito;
    dormiet Andreus dum quatiantur sidera coeli;
        spiritus ascendit, redditus atque Deo.
    In terris licet olim pulchre splendidus esset,
30   aspera terra tegit cespite jam viridi.
    Mortuus est Andreus! quem sic dileximus omnes;
        amplius haud nobis ille videndus erit!
    Mortuus est Andreus! nuper quem limina et aulam
        gymnasii intrantem vidimus auspicio.
35 Andreus nos docuit falso secernere verum,
        et rerum causas noscere difficiles.
    Hic praecepta dedit nobis traducere vitam
        semotam a vitiis, sceleris et vacuam.
    Andreus instituit nos sedes scandere celsas
40   Parnassi, Aonidum ac fontibus ebibere.
    Quis docuit juvenes antiqua volumina vatum
        sic veterum ut Andreus? classica quis melius?
    Andreus haec 'Meliboee Deus,' 'Dryadasque puellas,'
        Andreus 'Arma virum' saepius explicuit.
45 Quis magis, o Longine, tuae sublimia mentis
        miratus stupuit? quis potior docuit?
    Mortuus est Andreus, heu! sed mortalibus aegris
        nunc et semper adest, perpetuumque manet.

ANONYMOUS
1789

The author may be James L. Kingsley (d. 1852), a famous Latin professor at Yale. His name is inked in over a copy of the poem in the *Yale Literary Magazine,* I (1836), 186. The date of composition then would be later than 1789, since Kingsley received his A.B. from Yale only in 1799.

See Duyckinck I, 88.

ANONYMOUS
1789

81 Effigies clarissimi viri D.D. Elihu Yale
Londinensis, Armigeri

En vir, cui meritas laudes ob facta per orbis
  extremos fines inclyta fama dedit!
Aequor arans tumidum gazas adduxit ab Indis,
  quas ille sparsit munificante manu.
5 Inscitiae tenebras, ut noctis luce corusca
  Phoebus, ab occiduis pellit et ille plagis.
Dum mens grata manet, nomen laudesque Yalenses
  cantabunt soboles unanimique patres.

JOHN CAREY
1789

The poet here may be Irish-born John Carey (1756-1826) who at the age of twelve was sent to finish his education in France. He was for many years a teacher of Latin, Greek, and French in London. Editor of many classical books, including Ainsworth's *Latin Dictionary* and the 1824 issue of the *Gradus ad Parnassum,* he was also a frequent contributor to *Gentleman's Magazine.* It is known that he spent some time in the United States about 1789.

See *DNB*.

JOHN CAREY
1789

82 "I have found out a gift for my fair..."

    Inveni — et tenerae servatur munus amicae—
      inveni pullos, blanda columba, tuos.
    At quid ego demens? — Prohibe, Venus alma, rapinam,
      nec scelerata tuas dextera laedat aves!
5   Tu licet ignoscas, non exoranda perenni
      ultura est odio triste puella nefas.
    Namque orbae — memini — quondam miserata columbae
      questus, effudit talia verba gemens:
    'Qui potuit maestam partu spoliare parentem
10   implumi, duro marmora corde gerit,
    nec Veneris molli dedit hic fera colla catenae,
      nec viget in saevo pectore fidus amor.'
    Dixit, et ingeminans imis mihi flamma medullis
      acrior exarsit, dum pia verba dabat.

B., A. (JOHN CAREY)

1792

Philip Freneau translated the Latin poem below in the *National Gazette* (Philadelphia), 15 December 1792, stating that "John Carey of Philadelphia" had sent him the "trifle" on the occasion of Kentucky becoming on 1 June 1792 the fifteenth State in the Union.

B. A. (JOHN CAREY)
1792

83   On the Fifteen American States

   'Barbara pyramidum sileat miracula Memphis' —
     heu male servili marmora structa manu!
   Libera jam ruptis Atlantiaca ora catenis
     jactat opus Phario marmore nobilius;
5 namque Columbiadae, facti monumenta parantes,
     vulgarem spernunt sumere materiam;
   magnanimi coelum scandunt, perituraque saxa
     quod vincet celsa de Jovis arce petunt.
   Audax inde cohors stellis E Pluribus Unum
10 ardua pyramidos tollit ad astra caput.
   Ergo tempus edax, quamvis durissima saevo
     saxa domas morsu, nil ibi juris habes,
   dumque polo solitis cognata nitoribus ardent
     sidera, fulgebit pyramis illa suis.

WILLIAM COCHRAN
1795

Cochran's personal history is not known beyond the fact that he received an A.M. degree from Trinity College, Dublin, became Professor of Greek and Latin at Columbia College, New York, resigned that position in 1789, and went to live in Nova Scotia. That he signed the present poem "Hibernicus" may indicate he viewed his American sojourn as a fleeting one.

See *A History of Columbia University* (New York 1904), pp. 62, 64, 73.

WILLIAM COCHRAN
1795

84 **Ad celsissimum Principem Edvardum,
Auratae Periscelidis, necnon Sti. Patricii, Equitem, etc.**

    Avolet longe Boreas et omnis
    ventus immitis, fugiatque retro
    nix et impellens hyemem severam
            horridus imber.

5   Splendeat solis sine nube lumen,
    ut dies clarus redeat nitensque,
    qui tuum, Princeps deamate, nobis
            edidit ortum.

    Quid prius laudem dubito: timoris
10 nescium pectus, patrias an artes,
    utiles paci, propriosve mores
            principe dignos.

    Tu tenax aequi cohibes superbos,
    tu verecundam merito favore
15 rite virtutem colis evehisque
            semper honore.

    Te tremunt Galli rabie furentes,
    utque commotum subito leonem
    territus vitat canis irruentem
20   dente timendo,

    impiae sic te fugiunt catervae,
    tecta vastantem madida cruore
    civium, et tandem debito rependunt
            sanguine poenas.

25 Gloriam dum tu sequeris decoram,
    intonet quanquam trepidus tumultus,
    te nihil terret, mediaque morte
            tendis ad hostes.

    Perge, tutamen solii paterni,
30 perge quo virtus tua te vocavit;
    floreas nostrum decus et columna,
            sisque beatus.

    Floreas postquam tuus hic poeta
    ultima terrae requierit ora;
35 floreas postquam dederit silenti
            ossa sepulchro.

ANONYMOUS

1804

All that is known of the circumstances of composition is that the poem was written "For the *Repertory.*"

ANONYMOUS
1804

85 **Deplorans mortem Alexandri Hamiltoni, viri acerrimo ingenio praediti et nunquam nimium desiderandi**

    Indulge lacrymis, orba Columbia:
    nascentis periit vir decus imperi,
    quem immatura tulit mors tibi flebilem,
            heu, heu, nomen amabile!

5   Jam facunda silet lingua, potentior
    delenire sono concilium fremens,
    compescens animos imperio feros,
            vincens et strepitum fori.

    Bello clara manus frigida nunc jacet,
10 olim quam timuit victa Britannia,
    captis aggeribus scilicet arduis,
            victorem sibi praedicans.

    Gallis sanguineis exitium ferens
    vultus contremuit Tisiphone minas,
15 execransque fugit littora libera,
            condens horrificum caput.

    Crudeli periit funere nobilis
    hostis lethiferi vulnere livido;
    certo vae nimium fatifer aemulus
20   telo transadigit latus,

    heu, mos dedecorans, sanguine civium
    qui cives socios impius imbuit,

ferro confodiens pectus amabile,
    tundens viscera patriae!

25 Indulge lacrymis, orba Columbia:
nascentis periit vir decus imperi,
quem immatura tulit mors tibi flebilem,
    heu, heu, nomen amabile!

L.

1806

A number of Latin poems signed "L." appeared in the *Monthly Anthology and Boston Review* at this time (*Census* no.'s 287, 289, 295). If "L." is one poet, he produced pieces of somewhat uneven quality, the editor once complaining that he had to correct the false quantities.

L.
1806

86 Prosopopoeia Umbrae

Aemula dis divisque prior, diva ipsa futura,
me nisi perpetuum tenebris damnasset opacis
jam deus a prima crescentis origine mundi,
quum solis radios et coeli accenderit ignes,
5 illa ego sum terreni imitatrix corporis umbra
coelestisque inimica: mihi ultima Tartara parent
Plutonisque domus Atlantaeique recessus.
Neu proavos quaeras primamve ab origine gentem;
ipsa tero membris semper redeuntibus aevum,
10 atque mihi proprio vires reparantur ab hoste.
Dant vitam queis vitam adimo; nutricia praestant
queis ego quotidie exequias et funera duco.
Maxima naturae populis arcana retexi,
sideraque et vasti laqueata palatia coeli
15 admovi astrorumque choros mortalibus oclis.
Quod tenebrae luces, quod lux optata tenebras
excipiat, nostrum est; requiem praebemus amicam
omnibus, aeterno recreantes frigore terram.
Quin et, dum nigris orbem circumvolo pennis,
20 Musarum quicunque sacris doctaeque litarunt
Palladis, ingenii condunt monimenta viamque
affectant liquido super aurea sidera coelo.
Per me pyramidum quondam fastigia mensus
dicitur esse Thales; per me, qui fulmine linguae
25 fregit Alexandri patrem, sibi judicis aures
attentas fecit. Nec me tam credere vilem
quam videor par est; et me Narcissus amavit.
Caeteraque ut desint, quantum est ostendere coeli

in terris faciem? Quid, quod neque caetera desunt?
30 Seu formam aspicias, non me Cepheia virgo
pulchrior, aut blando vates dilecta Phaoni.
Seu rapit attonitum generis te fama vetusti,
ante fui quam tempus erat; seu pectora tangit
ingenii sollertis honos, mihi Cynthia fratre
35 cum nitido et magni debent praecordia mundi
naturae in latebris penitus penitusque reposta
detecta esse oculis per me mortalibus ultro.
Sive es mirator rerum, mirabere nostras.
Nempe triumphatum Ponti de rege superbo
40 praesidio unius nostro quis nescit? Ego ictus
sustinui cunctos, quum tu, Romane, lateres,
illustrem ex tuto jaculis dum conficis hostem.
Haud aliter molem clypei septemplicis unus
opposuit ducibus Teucrisque ruentibus Ajax.
45 Et tamen huic pugna, si verum quaeris, in illa
plus laudis merui; clypeum nempe ille, ego memet
hostibus objeci, et quod plus mireris, inermem.
Nec virtus haec una mea est. Scit Flavius olim
sic mihi te victo multum debere, Vitelli,
50 scit Marius fusis Numidis captoque Jugurtha.
Quin ducibus magno stetit ignoratio nostri,
quos inter Nicias qui, classem educere portu
dum pavet Achaeam, magico contamine victum
credens rorifluae vultum intabescere lunae,
55 Cecropias afflixit opes; quae Martia corda
Romulidum simili faceret trepidare tumultu,
docti animos nisi firmasset sollertia Galli.
Quid referam quantos usus mortalibus aegris,

quos pecori praestem? Quis non umbracula, quis non
60   audivit gratas platani potantibus umbras?
Munere quis nostro Phoebeam lampada nescit
villosae silva caudae prohibere sciurum?
Quin, quibus usque pedum Titan defenditur umbra,
umbripedes populi, qua sol violentior arva
65   Aethiopum recta despectat cuspide, nostrum
agnoscunt meritum. Quin et decus addimus illi
quidquid Apellaei gaudent animasse colores.
Utque artis pars nunc tantum, sic decuit olim
tota mihi, ad radios quum circumscribere solis
70   humanam docui propria sub imagine formam.
Sed taceo ne, quod reprehendit Tullius, omnes
falsae gloriolae videar sectarier umbras.

ANONYMOUS
1805

The poet prefaced his lines with the remark, "The following are four lines intended to have been placed under a statue of Somnus." A translation follows by Joseph S. Buckminister (1784-1812; A.B. Harvard, 1800), who wrote at least one Latin poem (see *Census,* no. 318). Perhaps the present poem is his.

ANONYMOUS
1805

87   Lines for a Statue of Somnus

Somne veni, quanquam certissima mortis imago;
   consortem cupio te tamen esse tori.
Huc ades, haud abiture cito: nam sic sine vita
   vivere quam suave est, sic sine morte mori.

ANONYMOUS
1805

The poet was likely a Harvard student or alumnus.

ANONYMOUS
1805

88 De Variolae Vaccina

Huc ades, o saevum †corporis† arcere venenum
    qui cupis et morbi semina tetra gravis!
Ecce opifer praesens, facile qui lenit acerbum
    in venis succum, nec tibi membra dolent;
5 ac pellit tristis simulacra fugacia spectri
    atque animo prohibet gaudia abesse tuo,
maturaque opera praevertens tristia fata
    aegrotare vetat, nec doluisse sinit.

MACCARTHY

1806

This is the same poet who in the journal a few months earlier wrote a piece on the painter Gilbert Stuart (*Census,* no. 286). I have learned nothing further about him.

MACCARTHY
1806

89   Americano Roscio

Tu qui magnanimos oculis mirantibus offers
heroes, qui nunc Caesar, nunc Marcius, et nunc
magnus Alexander, trahis ad certamina fortes,
tu qui semper scis ignobile temnere vulgus,
5   pulcher inest animus tibi certe ad magna paratus.

A.

1806

The poem on the next page is described as "Written for the *Repertory.*" One may attribute to the unknown poet a certain measure of courage in penning this tribute to Horatio Nelson at a time when Britain was harassing American ships.

A.
1806

90 Britannia Victrix

**Non illi imperium pelagi saevumque tridentem,
sed mihi sorte datum** (Vergil, *Aeneid* 1.138-39)

Musa, mihi memora pugnam, quo duce tremendo
agmen agens pelago rostrata Britannia vicit
dejiciens populos scelerato foedere junctos
fulmine navali puppesque sub aequore mersit.
5 Ter denae naves et tres, fera classis Iberi
et Galli, fraudes versantis pectore ficto,
scilicet intendunt ventis jam vela secundis.
Conspicit e puppi Nelsonus, maximus heros,
insequitur trepidos acerque tenaciter urget
10 quamvis impar erat numero. *Victoria* velox,
exitium crudele ferens, prima agmina ducit;
Regius et Dominus sequitur pariterque secundis
imperat. Impavidi nautae clamore marino
praesumunt animis et spe certamina Martis.
15 Jam classis sociata videt properare Britannos,
nec spes ulla fugae; mox propugnacula belli
festinare parant, ponunt et in ordine naves
praevalido; hortantur duces Gravinaque Iberus
et dux Gallorum, praestantes pectore forti.
20 En, Nelsonus adest, fulgenti insignis amictu,
hostemque aggreditur resonansque volatile ferrum
emittit tormento ingenti, dum pluit ignis
mortifer, amplexu paulatim quaeque voraci
corripiens funes, malos, nautasque ratesque;

25 omnia praetexit crassa caligine fumus,
Bellonaeque iterum atque iterum fragor intonat ingens,
aequoraque ingenti Neptunia caede rubescunt.
Tandem hostes cedunt gaudetque Britannia victrix,
et Nelsonus ovans naves submittere multas
30 jam vexilla videt, cum, eheu, glans plumbeus instans
transadigit costas ducis pectusque resolvit.
Procubuit moriens, etiam in morte suprema
ferre jubens proceres classis mandata legato.
Fortunate heros, decus et tutamen in armis
35 maerentis patriae! Nomen laudesque manebunt
dum vexilla ferent Martis victricia naves,
et natale solum ponto dominabitur omni.

A.

1807

We have the assurance of the editor that the following poem is "Original."

A.
1807

91   **Ad Calendas Januarias, MDCCCVIII**

Salve, novum annum praeveniens quae agis,
lux alma; si te frigora vestiant,
  ibit comes spes semper instans,
    freta cupidoque nunc futuro.

5 Jacet sepultus et glacie et nive,
mortisque vestem orbis capit asperam;
  phoenix, ruina surge laeta,
    delicias referens amoenas.

Almi sequantur ordine proprio
10 menses, referti laetitia in dies,
  Florae Favonioque gratum
    ver, Cereris gravidaeque messes.

Pax et Fides adsint comites tibi,
longum morantes, et faveant bonae;
15   civilis ira et tetra bella
    sint procul, o procul hinc, profana!

Da patriae res ire secunda avi,
da amore felici juvenes frui!
  Salve, dies optate semper,
20   lux hilaris iterumque salve!

A.

1808

No certain evidence exists for the identification of either the poet or Julius.

A.
1808

92 Ad Julium

En novo, Juli, ut nitide refulgent
vere soles, ut patet aether altum;
terra nunc gratos recipit sinuque
        laeta colores!

5   Nunc ruit cursu rapido juventae
sanguis exultans, animoque largo
spes tument altae nobilique motu
        pectora tollunt.

Nunc novum vigorem hilari poetae,
10 carmina et blandae tribuunt Camaenae,
carmini vatis comiterque favent
        ore puellae.

Me premit luctus animo remordens,
cordique infixi memori dolores
15 semper haerent, atque negant amoenas
        surgere luces.

Me tamen, Juli, juvat ire campos
ver ubi nascens reficit dolores,
corde spes aegro et tacite resurgens
20   lumina captat.

ANONYMOUS

1808

There is no evidence that the present poet also composed no. 96, although the pieces appear in the same journal some months apart.

ANONYMOUS
1808

93 **Elegia Collins super Morte Thomsoni
Latinis Reddita Versiculis**

En tumulo jacet hoc sylvae nemorumque poeta,
quem tacitis rivus reptans circumluit undis;
hic partes variae volventibus mensibus anni
munera spargentes ornabunt optima solum.
5 Densa qua fluvius praetexit arundine ripas,
testudo spirans placide supposta quiescet;
pectore sic vulnus tacito si quis fovet aegrum
dum spiritus maneat luctum solabitur umbra.

Vespere et errantes pueri innuptaeque puellae,
10 chordae cum resonant, aura modulante secunda,
flamina captabunt et credent pectore tristi
sylvestris carmen vatis audire supremum.

Littoris atque animo jucunda subibit imago,
floribus aestivis ripas cum Thamesis ornat;
15 deponet saepe et patulos nauta aequore remos,
manibus ac requiem placidam exoptabit amatis.

Aerios montes, riguos et visere valles
cum juvat, et pacem colere et per rura salutem,
conspiciens silvis turrim tum candidam amicus
20 effundet luctu lacrimas florentibus arvis.

Tu quoque, quem gremio tellus complectitur alma,
quid tibi nunc moesto prodest elegeia cantu?
Aut lacrymae, quas dabit amor lugubris honosque,
cymba qui gemitus advecti flumine cient?

25 Et fugit ullus nunc captis oculis animoque
marmoreo cultum saxo praestare decorum?
Nunquam illi faveant Musae, divine poeta,
deserat ac anno mentem florente voluptas.

Tu, cujus tristem, deserta heu Thamesis, undam
30 Naiades ornatae nullae nunc carice servant,
flumine funestam collem prono sine linquam
terra qua frigida claudit mihi cippus amicum.

Et valles tenui umbrosae vix luce videntur,
vesper nam inducens umbras velamine celat.
35 Nunc iterum vale, naturae proles et amata!
Sit tibi terra levis! Salve, formose, valeque!

Quae tibi erant olim cordi flaventia culta,
viventi jucunda dolebunt morte peremptum;
pastor agrestis ibi tenera cum virgine flebit
40 puris dum manibus cumulabit munera ruris.

Tempore post longo marmor aggestaque terra
suffundet lacrimis oculos cum Britonis aegri,
lugete (inquiet) heu valles silvaeque relictae;
hoc vestrum tumulo clausum plorate poetam.

ANONYMOUS (JACOB BIGELOW ?)
1808

M. A. De W. Howe, ed., *Journal of the Proceedings of the Society Which Conducts the Monthly Anthology and Boston Review* (Boston, 1910), p. 324, attributes this poem to Jacob Bigelow (1787-1879), A.B. Harvard, 1806. Bigelow became professor of materia medica at Harvard (1815-1855) and president of the American Academy of Arts and Sciences. Howe seems to indicate also (pp. 328, 248, 250) that he wrote *Census* items 321 and 322. In 1871 the University Press at Cambridge, Mass., printed his Χηνῴδια, or *the Classical Mother Goose*.

See *DAB*.

ANONYMOUS (JACOB BIGELOW?)
1808

94 Hyems Convivio Sublevanda

Dum ruit tectis superante nimbo
atra tempestas, furit atque ventus,
creber et pulsis crepitat fenestris
    grandinis ictus,

5 horreat nauta in pelago prehensus,
horreatque expers chlamydis viator,
horreat, si quem foribus focisque
    expulit uxor.

Me tamen salvo, furit imber et nix,
10 nil nocet frigus, crepitante flamma,
dumque apud mensam sedeo biboque
    inter amicos.

Turbinis stridorem imitamur intus;
cum fremit ventus, fremimus vicissim.
15 Si fluunt imbres, fluitet Falernum
    amnibus aequis.

Jam jocos tempusque agitare salsos,
jam juvat risus strepitusque ludi;
frigida et nox fit calida, atque fiunt
20   fervidi amici.

At procul sint invidia atque rixae,
fumus et tetri procul o tabaci,
mentibus ne qua noceat simultas,
    naribus aer.

ABBÉ ETIENNE BERNARD ALEXANDRE VIEL
1736 - 1821

Viel was born in New Orleans. After study in Paris he became a member of the Congregation of the Oratory and taught the humanities and rhetoric. When the Order was dissolved by the French government in 1792, Viel returned to Louisiana and did pastoral work in the Parish of Attakapas. In 1812 he returned to France to aid in re-establishing the Order. After suffering a stroke, he turned to translating French writings into Latin, producing some five volumes of them. He died in France at the College of Juilly.

See *Catholic Encyclopedia* and *DAB*.

ABBÉ ETIENNE BERNARD ALEXANDRE VIEL
1736 - 1821

95   Excerpt from the *Telemachias*

    . . . Stabat in acclivi divae domus, unde per omnem
prospectus patet oceanum. Modo fluctibus aequor
stat placidum, modo saxa fremens latrantibus undis
verberat insanitque minax et surgit aquae mons.
5   Parte alia flumen spatiatur, et insula fundo
plurima consurgit, quam circum frondibus ornant
florentes tiliae; superaddita populus ingens
eminet ostentans caput ambitiosa sub auras.
Ipsi autem campis fusi circum undique fontes
10   ludere amant, quorum vitreas hic praepete cursu
volvit aquas, tardas sopitos ille canales,
mille per ambages alter, per mille recursus
ad caput ire loci captus dulcedine fingit.
Eminus aerei, nimbosa cacumina, montes
15   mille situs pandunt varios, spectacula mille;
vicinos colles, ceu pendula serta, coronat
pampinus: uvarum raras sibi purpura frondes
quaerit, et ipsa sua vitis sub mole laborat.
Exhilarant campos horti sub imagine laeta
20   immensae ficus oleaeque et Persica malus
caeteraque arridens quae plurima pullulat arbos . . .

ANONYMOUS (ALEXANDER HILL EVERETT?)
1809

M. A. DeW. Howe (see above, p. 217), pp. 324, 300, attributes this poem to Alexander Hill Everett (1790-1847), A.B. Harvard, 1806, Minister to Spain (1825-1829), Commissioner to China (1845-1847), and editor of the *North American Review*.

See *DAB*.

ANONYMOUS (ALEXANDER HILL EVERETT?)
1809

96   Versio Latina

Terrae, quae viridi condit in aggere
Fidelem teneram, ferte, puellulae,
veris purpurei serta recentia,
    halantes date flosculos.

5   Nunquam accedet humum tristis imaginum
vagitu misero turba querentium,
fidus sed juvenis, pura puellaque,
    sedes dulcis amantibus.

Nulla hic adveniet dira venefica,
10   cantu non animas ducet ab inferis;
nympharum chorus at servat oreadum,
    tellus roreque spargitur.

Venit sed gracilis saepe rubecula,
fungens muneribus vespere parvulis,
15   diffundetque novos cespite flosculos,
    muscum mollem et amaracum.

Venti cum strepitant murmuribus vagis,
tempestate agitaturque humilis casa,
te flebit juvenis, te agricolae asperi,
20   te venator in aequore.

Sic desiderium nascitur hic novum
tam cari capitis, sic lacrymae cadunt,
spargent et meritae, dum pietas vivit,
    cordi funus amabile.

ANONYMOUS (HENRY COGSWELL KNIGHT)
1809

The poet, as the last line of the poem and the records of the *Anthology* indicate, is Henry Cogswell Knight (1788-1835), a native of Newburyport, Mass. He was admitted to Harvard in 1808, but left in 1811 and took his degree from Brown in 1812. His first volume of English poetry, *The Cypriad,* appeared at Boston in 1809.

See Duyckinck II, 158; Appleton; M. A. DeWolfe Howe, ed., *Journal of the Proceedings of the Society Which Conducts The Monthly Anthology and Boston Review* (Boston, 1910), pp. 325, 186; *DAB.*

ANONYMOUS (HENRY COGSWELL KNIGHT)
1809

97   Ad Aedem Episcopalem Cantabrigiensem

Salve, delubrum, salve, tu sancta cathedra,
    turris et aedis, ave!
Ut spectare fenestras, valvas, et tua tecta
    me laqueata juvat!
5   Mane struens in turricula luta, garrit hirundo
    anticipatque diem;
ast ulula adventans, scandit cum Cynthia coelum,
    culmine de queritur.
Quam aestu saepe petivi, quam te rore cadente,
10   quam fugiente jubar!
adveniens, sistens, repetens tunc omnia retro,
    rursus et adveniens,
multa colore moratus, multa situque figura,
    suspiciensque apicem.
15   Ante Aquilam fulvam ac immistam pulvere plaustris
    prospicis in plateam.
Respuis alta, illam angustam tu sive sinistra
    intueare domum,
sive ad dextram, qua proavi sunt membra reposti
20   cespite sub viridi,
qua passim est obscura 'Memento mori' aut 'Fugit hora'
    cernere caeteraque.
Jamdudum at vestrum viduatum antiste coetum est
    fama fuisse suo,
25   hunc vel et hunc operatum (sorsve aut commoda siquem
    praestiterint) cathedrae,

dum prope jam magis atque magis subsellia spreta
    consenuere situ.
Has tamen o tales, quae sola levamina possum,
30   accipe blanditias.
Forsan et omnium ego, quos, te jam carmine dignor,
    foverit Alma Parens,
primus, quem vexit non unquam Pegasus, etsi
    undique dicor Eques.

LOUIS HUE GIRARDIN
1771 - 1825

Girardin, whose real name was Louis François Picot, was born in Normandy and educated at the Lycée of Rouen. Because of his Royalist activity he had to flee France. In America Archbishop John Carroll secured a teaching position for him at Georgetown College in 1793. Later he taught at William and Mary. He began to correspond with Thomas Jefferson in 1806. After a period in which he edited the Richmond *Enquirer,* he ultimately became principal of Baltimore College in 1821, still corresponding with Jefferson on mathematical, historical, and classical matters. By 1823 he was depressed over the declining fortunes of Baltimore College, and sought vainly through Jefferson to become head of the Library of Congress. Upon his death the Baltimore *American,* 17-19 February 1825 described him as "one of the most distinguished ornaments of our scientific and literary circles." One of his more interesting projects, described in a letter to Jefferson, 16 August 1820, was a plan to publish a quarterly publication in Latin, with the motto *Pro Orbe et Per Orbem,* describing for an elite audience the current state of literature, the arts, commerce, agriculture, and politics in the United States. Jefferson offered him no encouragement.

See Edith Philips, *Louis Hue Girardin and Nicholas Gouin Dufief and Their Relations with Thomas Jefferson.* The Johns Hopkins Studies in Romance Literatures and Languages (Baltimore, 1926), pp. 2-55.

LOUIS HUE GIRARDIN
1771 - 1825

98 Excerpts from the *De Monomachia sive Duello*

    Vos, quibus a populo rerum commissa potestas
ut foret augusti sanctissima cura Senatus
cunctorum *Vitam Libertatemque* tueri
et scelera utilibus legum compescere habenis,
5   usque oratores tantum? Nunquamne juvabit,
heu, male suspensa jaculari fulmina dextra,
fulmina sacrilegum debellatura furorem?
    Iam dudum et late nostris grassatur in oris
monstrum infandum, immane, atrox; dixere Duellum.
10 Hoc quondam rudis et genio data praeda feroci
Europa in sylvis genuit, tum sanguine alendum
mandavit furiis. Orco auspice crevit in horas
exitiale malum; nam pacis jura silebant,
inque potestatem legum vindicta ruebat
15 effera, leti opifex et crebro aspersa cruore...
    Magnanimi heroes, qui Libertate magistra
castrorum edocti duros perferre labores,
edocti tolerare famem solesque hyememque,
jura Britannorum et leges solvistis iniquas,
20 non ea mens vobis, melior sed spiritus aras,
majorum decreta, focos et dulcia casti
pignora conjugii fractosque aetate parentes
protegere, aut digno virtute occumbere fato.
Publica poscebat sibi tantos causa tumultus;
25 tunc fas hostili respergere sanguine terram,

tunc decus indomitam truculenti in pulvere campi
exhalare animam seu vulnera tetra ciere!
At nos, progenies tantorum indigna virorum,
nos quibus arridet vultu pax alma sereno,
30   quos et amicitiam fraternaque jura fovere
et patria et sanctae invitat clementia legis,
humani turbare vetans consortia coetus,
discordes animos privatae impendimus irae,
et consanguineas in fratrum corpora dextras
35   vertimus, infandum! noxae nec parcimus ulli...
 Ille tamen matris gremium rurisque beata
otia linquit, amans studiorum et conscius alti
ingenii quod rite juvat coluisse per artes
egregias, seu jura fori legesve medendi
40   fert animus novisse, ardor seu nobilis urget
olim in supremo sedem meruisse Senatu.
Ergo venit juvenis, vitiorum ignarus in urbis
moenia; ibi mores vanos resolutaque luxu
corda videt, ludo, choreis vel amoribus omnes
45   intentos; fatale bibit sensim ipse venenum...
 Quam sibi dissimilis, quantum mutatus ab illo
cui labor assiduus discendique improbus versu,
et cui nunc Latio, nunc Graeco pagina versu,
currebat! Iam Virgilium jam bellulus horret,
50   Pergameumque senem doctique Platonis alumnum.
Munditias Charitesque colit muliebriter; una
cura caput struere et lepidas componere vestes,
imbellique chelyn digito explorare canoram.
Parva loquor: jam solus amor seu plaudere mimo
55   turpia jactanti in populum, seu grandibus acer

decertare scyphis, vel equi contendere cursu
aut veneri illicitae laxas immittere habenas.
   Nulla magistrorum mentem sine lege vagantem
ad rectum revocare valent praecepta; velut si
60 forte gubernator sopitus quando remisit
clavum navigii, perflantibus aequora ventis,
incassum nautas demittere turgida vela
imperat ac tutum remis appellere littus:
namque procellarum et rabidi violentia ponti
65 ingeminat; quo fata ferunt, volat avia puppis.
Talibus in scopulos vitiorum erroribus actus,
praeceps abripitur juvenis, cui sola libido
nunc lex, et veri qui prima repagula fregit.
   Quo ruis, ah, demens? Dum spes manet ista salutis,
70 cursum flecte retro caligantesque procellas
effuge! Vana hortor! jactante libidinis aestu,
fertur in horrendas syrtes funestaque saxa,
impietas tenebris ubi mentem obnubilat atris.
Nempe docet nullum esse Deum; casu omnia ferri;
75 arbitrio, non re, fingi pulchra atque pudenda;
post vitae spatium nil praeter inane relinqui
nomen et exiguos cineres; incendia nulla
formidanda malis; virtuti nulla futura
praemia; sed nobis solum hoc optabile, tempus
80 dum sinit et tenui mortales vescimur aura,
usque voluptati indulgere, rosasque fugaces
arripere, et nullo genium compescere fraeno....
   ...Inter genialis pocula Bacchi
festivasque dapes et lautae gaudia coenae,
85 cui simul accumbunt juvenis carusque sodalis,

ambo aetate pares, studiis communibus ambo
devincti, ecce, mero venis turgentibus, atrox
dissidium exurgit, fervent convicia; primo
saevit nuda manus, sed mox ignobile bellum
90   cessat ut ingenuis indignum et fortibus; arma
poscit Honos graviora: huic sola morte litandum!
Haud mora, charta minax furiales indicat iras:
'Matutini aderunt ubi lustra silentia late
ac nemus antiquum et densa caligine sylva;
95   illic vel judex in dira vocabitur ensis
proelia, fulmineo tetras vel pulvere lites
component; at certa truci sententia mente,
seu conferre necem aut crudeli occumbere leto.'
Nec satis immites rixas, infanda duella,
100   quaesivisse ipsos: totidem de more leguntur
in crimen socii, certis qui legibus aequent
congressum immanem, qui mortem aut vulnera siccis
inspiciant oculis et pugnae fata reportent....
... Prima polo vix lux albescere coepit,
105   convenere, datur signum, glans plumbea utrinque
it stridens, sequitur lugubris clamor, humi nam
procubuit leto juvenis miserandus, et atris
indignantem animam singultibus exhalavit!
Sanguine caesaries foedatur, membra rigescunt,
110   et facies ipsi non agnoscenda parenti,
horrendum pallet: ceu quondam in montibus arbor,
quam teneri humectant rores, quam mollibus auris
ver fovet et primus cui flos adolescere coepit,
eruitur ventis, aut crebro grandinis ictu
115   sternitur et laeto frondis spoliatur honore...

Nec tantum juvenes, calidus queis pectore sanguis
et quorum natura ferox, ea marte nefando
impia bella gerunt: non temperat ipsa Duelli,
proh pudor, insanos aetas maturior ignes!....
120   Quis tantas igitur poterit sarcire ruinas?
Vos, vos, imperii Patres, labor iste decebit,
vos pars illa manet venerandae maxima curae!
Quare agite et, quanquam nova se transformet in ora,
quanquam multiplicem mutato nomine larvam
125 induat, invictis monstrum subtile catenis
stringite! Iustitiam tandem ac non temnere leges,
quas seu relligio posuit sanctusve Senatus,
discat! Vel si atrox mansuescere nescit Erinnys,
trudite tartareas immisso fulmine ad umbras,
130 aeternumque redux nativo infrendeat orco!

STEPHEN THEODORE BADIN

1768 - 1853

Badin was born in Orleans, France, and studied at the Sulpician Seminary in Tours until forced from the country by threats of the Revolutionists. He fled to the United States and was ordained by Bishop John Carroll in Baltimore in 1793, the first to be ordained in the young country. Badin spent many years in the mission fields of Kentucky and among the Pottawattomie Indians, whom he taught English as well as religion, but even there found time to receive Latin poems from fellow missioner John Rivet, once a professor of rhetoric at the College of Limoges. Perhaps at Rivet's urging, Badin in June, 1811 composed a now lost *Carmen Sacrum* celebrating Bishop Benedict Flaget's arrival at Bardstown, Ky. Only an English verse translation of it survives. Beside the Daviess poem and the tribute to the naval heroes of the War of 1812 in the Georgetown University Archives, Badin wrote a Latin poem on Admiral Oliver Hazard Perry's victory of 10 September 1813 at Lake Erie, which according to the Cincinnati *Catholic Telegraph* of 23 April 1853 "was, at the time, extensively circulated and admired." This I have not located. At an undetermined date he composed a still-extant twelve-part Latin poem, *Sanctissimae Trinitatis Laudes et Invocatio,* which was published at Louisville in 1843.

See Martin Spalding, *Sketches of the Early Catholic Missions of Kentucky* (Louisville, 1844), *passim,* and pp. 303-306, and *Life, Times, and Character of the Rt. Rev. Benedict Joseph Flaget* (Louisville, 1852; repr. New York, 1969); Appleton; *The Catholic Encyclopedia; DAB;* J. Herman Schauinger, *Stephen T. Badin, Priest in the Wilderness (Milwaukee, 1956).*

STEPHEN THEODORE BADIN
1768 - 1853

99 **In Gloriosam Mortem Magnanimi Equitum Ducis Joseph Hamilton Daviess, Patriae Amoris Victimae in Tippecanoe Pugna ad Amnem Wabaschum, 7. Die Nov. 1811 Epicedium; Honorabili Viro Joanni Rowan Meo Ipsiusque Amico Dicatum**

Autumnus felix aderat granaria complens
frugibus, umbrosas patulis jam frondibus ulmos
exuerat brumae propior, cum fama per orbem
non rumore vago fatalia nuncia defert:
5 'Sub specie pacis sylvaecola perfidus atra
nocte viros inopino plumbo occidit et hasta;
dux equitum triplici confossus vulnere, fortis
occubuit; turmae hostiles periere fugatae,
hostilesque casas merito ultrix flamma voravit.'
10 Mensibus aestivis portenderat ista cometes
funera. Terra quatit repetitis motibus; aegre
volvit sanguineas Wabaschus tardior undas;
ingeminant Dryades suspiria longa; Hymenaeus
deficit audita clade, et solatia spernit
15 omnia; triste silet Musarum turba; fidelis
luget Amicities, lugubri tegmine vestit
et caput et laevam, desiderioque dolentis
non pudor aut modus est. Lacrymas at fundere inanes
quid juvat? Heu lacrymis nil fata moventur acerba!
20 Ergo piae Themidis meliora oracula poscunt
unanimes, diram causam Themis aure benigna

excipit, et mox decretum pronunciat aequum:
　　　'Davidis effigies nostra appendatur in aula;
　　　tempora sacra viri quercus civilis adornet,
25　　ac non immeritam jungat Victoria laurum.
　　　Signa sui legislator det publica luctus;
　　　historiae chartis referat memorabile Clio.
　　　Proelium et alta locum cyparissus contegat umbra.
　　　Tristis Hymen pretiosa urna cor nobile servet;
30　　marmoreo reliquos cineres sincera sepulcro
　　　condat Amicities; praesens venturaque laudet
　　　aetas magnanimum David, virtute potentem
　　　eloquii, belli et pacis decus immortale.'

　　　Vita habet angustos fines, at gloria nullos:
35　　qui patriae reddunt vitam, illi morte nec ipsa
　　　vincuntur; virtutum exempla nepotibus extant.
　　　Pro patria vitam profundere maxima laus est.

EDMUND DORR GRIFFIN
1804 - 1830

After graduating from Columbia University in 1823, Griffin briefly studied law, then enrolled at General Theological Seminary and was ordained deacon in 1826. His health failed him after he was appointed to Christ Church in New York City, and he resigned his post. A two-year tour of Europe followed recuperation. Within a week of his return to New York, in April, 1830, he was called upon to complete a course of lectures on Roman, Italian, and English literature begun by John McVickar at Columbia, but necessarily abandoned at the time from illness. Griffin's lectures were so well received that an independent professorship was considered for him by the college trustees. At the end of August, however, Griffin succumbed to a sudden illness. Some journals of his travels and a few English poems were published posthumously by McVickar.

See Duyckinck II, 391-92; Appleton.

EDMUND DORR GRIFFIN
1804 - 1830

100 Columbus

Audebat quondam transire profunda Columbus
aequora, navigio et fragili perferre pericla,
explorare novas gentes orasque remotas:
pauperiem et duros patria tellure labores
5   passus, in Hispaniam venit, quae laeta recepit
dejectum, classemque dedit Regina benigna.
Cum primum visa est Tithoni fulgida conjux,
vela dabat ventis, rebus jam rite paratis:
littora respiciens, quae vix surgunt super undas,
10   ingemuit, 'Pater omnipotens nunc annue coeptis,'
dixit, 'et o nostris placidus conatibus adsis.'
Aequora sulcarat longum rostrata carina,
jam nihil apparet nisi coelum et marmora glauca.
Phoebus in occiduas pronus descenderat undas,
15   atque involvisset terram caligine densa
ni cursu medio jam Phoebe immitteret alma
pallentem coelo lucem pontoque sereno.
Ipse gubernabat navem clavumque regebat,
quando ecce ante oculos ingens, informis imago,
20   teque, Columbe, petens, summa sese extulit unda.
'Quid vis? quove petis?' dixit, 'jam siste profane;
sunt mihi stillantes nimbi, palmaque refraeno
luctantes ventos, siduntque in fronte procellae,
imperium mihi sorte datum magni Atlantaei:
25   si parvi mea jussa facis, commissa piabis

crimina supplicio culpae scelerisque nefandi.'
Fulmina verborum dum talia sparsit imago,
accendit vires heros dixitque vicissim:
'Me mea fata vocant, fatisque mihi data tellus;
30 imbellesque minas sperno rabiemque ferocem.
Quicquid erit, neque jussa sequar, cursum neque flectam.'
Effugit ex oculis tenuesque assurgit in auras
indignans, tempestatemque ciet minitantem.
Ventorum furiae surgunt ac missile fulmen
35 fulgure cum rutilo resonat per nubila coela.
Ad nimbos jactant spumam aequora concita ventis,
pallida Luna negat lucem, fugiuntque sub umbras
sidera, et oceano tumido nox incubat atra.
Quando inter nubes vibrantia fulgura splendent
40 aspiceres fluctus vesanos lambere coelum.
'Heu miseros comites! heu me miserum!' ingeminabat
ipse heros, nec plura potest emittere verba.
Nam cumulo praeruptus aquae mons mole stupenda
volvitur in puppim minitans submergere navem:
45 exclamant nautae pavidi, simul ipse Columbus
extendens duplices palmas sic voce precatur:
'O pater omnipotens, supplex peto, disjice nimbos,
eripe spesque meas, memetque, meosque ruina.'
Dixerat: en subito dea candida culmine fluctus
50 Libertas advecta subit, ventique residunt:
diffugiunt subito Zephyrus, Boreasque, Notusque
sedes in proprias penitus, secumque procellas
horrisonas portant pennis nimbosque sub atris.
Sternitur aequor aquis tumidum, rursumque refulget

55 Cynthia, caeruleus splendet sub lumine pontus.
    Coelestis virgo roseo sic ore locuta est:
    'Audiit omnipotens facilis solio radianti
    vota precesque tuas, responsaque blande precanti
    reddidit, atque mihi tribuit mulcere procellas.
60 Laetitia exultans festina, vectaque navis
    auris trajiciet placidis ad littora grata.'
    Tum processit ovans cursu sociosque vocavit:
    'Delecti comites durate, animos revocate,
    nectare Lenaeo finemque imponite curis.'
65 Ipsaque mandatis Domini jam rite peractis,
    vanescit sociorum e conspectu vigilantum;
    nec nisi rectori soli dea postea visa est;
    cui ventura aperit sperandaque gaudia monstrat:
    'Dona, Columbe, Dei lectissima coelipotentis
70 sunt tibi, terrarum rector decretaque coeli
    constituere novas gentes fulgente corona
    tempora cincturas gemmis auroque corusca.
    Aeneas posuit sedem, atque immitis Achilles
    semideum occidit, praeclarum nomen adeptum;
75 orbem tu tamen invenies populosque potentes.
    Libertate fruens dulci, gens libera ut aurae
    assurget, palmam referet, mundumque revincet.
    En subito ante animum pandit se maximus heros,
    regalis species oris lauroque virente
80 irradiat caput ambitum, nitidaque corona
    aetherios tractus scindens, Jovis armiger ales
    remigio alarum, supra caput, aera pulsat.
    Ecce, Columbe, leo fortis victus tamen horret,
    lumina fixa tenet solo, pavidusque tremiscit.

85 Crinibus ecce sedens passis, amota seorsim,
    imperio amisso famaque Britannia moesta
    rorantes lachrymas fundit guttasque liquentes.
    Felix hic populus, fama, imperio studiisque
    doctrinae excellet Danaos Italosque sagaces.
90 Non solum occidui mundi regio Borealis,
    sed pariter regio fluctus qua volvit Amazon
    libera servitio ac vinclis, mea munera sumet.
    Nubes insanae diraeque superstitionis
    confestim aufugient, ac pandent lumina pura
95 libertatis, eritque domus semper mea firma.'
    His dictis dubiae menti dea praebuit alma
    spem laetam, et vento navis cita vecta secundo
    fertur in optatam finem, rectorque labore
    desinit; exhausti nautae comitesque fideles
100 egrediuntur, et introeunt fragrantia prata;
    sylvas umbriferas viridantiaque arva pererrant;
    augustas fundat sedes, arasque potenti
    sacrat terrarum, ponti, coelique Columbus.

101 Vanished Glory

   Lugubre excidium contemplati populorum
   doctrinam, ingenuas artes, Musasque colentum,
   solvimur in fletus, sed Graecia poscit amaros.
   Graecia heu misera ante omnes! spoliata celebri
5 nomine cantato terras gentesque per omnes.
   Quae regio qua terra patet prosperrima quondam,
   Graecia nunc domino paret, contemptaque sedes

servorum est, qui complexu fera vincula cingunt.
Musarum comites, afflati numine vates
10   temporibus priscis, tacti natalis amore
terrae, blandiloquo celebrarunt carmine nomen
carmen ubicunque et Parnassia numina amantur.
Pictores olim tabulis naturam imitarunt,
sculptores etiam donarunt marmora vita,
15   philosophique animos juvenum instruxere verendis
praeceptis sapientiae, et ad virtutem animarunt.
Nec minus heroes factis meruere coronam:
Thermopylae, vos obtestor, Salamis Marathonque.
Campi graminei sylvaeque atraeque cavernae
20   libertatis erant sedes famaeve sepulchra.
Praecipiti cursu, pugna, duraque palaestra
luctati juvenes in pinguibus Elidis arvis.
Hic quoque convenere adducti laudis amore
egregii vates atque ingenii retulerunt
25   palmam, etiam regibus quae sceptro carior aureo.
Graecia erat talis, sed gloria fugit inanis.
Argutus cithararum cantus vallibus imis
non resonat, sed servorum voces gemitusque.
Threicii vatis pendet neglecta salicto
30   umbroso lyra, quae sonitum non amplius edit
brumalis nisi quum vocem evocat Aeolus aegram.
Posteritas hominum, quorum inclyta facta celebrat,
divinos nescit numeros sublimis Homeri.
Parnassum, Phoebo Musisque sacrum, lupus implet
35   terrifico questu; siccata est Castalis unda;
Tempe in umbrosis neque Musae, nec citharista
Pythius ipse habitat sylvarum in dulcibus umbris.

Musarum comites crebris pedibus neque saltant
gramineam in glebam, dum suadet fistula blanda,
40 cantus nec citharae resonat frondes per opacas,
vox neque cantatorum ascendit suavis ad auras.
Campus Olympiacus, factorum ingentium arena
quondam, pabula nunc praebet pecori petulanti,
atque ubi contendere heroes, agna tenella
45 laetitia exultans deserto in gramine ludit.
Servitii daemon, Erebo nigrisque tenebris
ortus, rura regit sceptro duro atque cruento
quae Libertati quondam sacrata deisque;
Thermopylas sacras famae Lacedaemoniorum
50 heroum vultu foedo pedibusque profanat;
per Marathona sonat trux sanguineumque flagellum.
gloria Graecorum, tua fama effugit, Athenae.
Doctrinae sedes resonantes vocibus olim
doctorum, nunc sunt decoris monumenta ruinae.
55 Doctus Aristoteles non dat praecepta Lyceo,
nec resonat Zenonis voci porticus ampla.
Per noctem vigilans inter sylvas Academi
luctifer exercet fatalia carmina bubo.
Nunc provoluta jacent templa auro olim decorata;
60 non possit sculptor facere immortalia clarus.
Advena cum lapsas spectat fractasque columnas,
Cecropias, sed non viventes, cernit Athenas.
Solvitur in fletum gloriae spectans monumenta,
ilicis et gemitus miscet cum murmure blando.

102   A Dream of Greece

Aestivus longum caelis evanuerat sol,
frigida nunc noctis terras invaserat umbra.
Dulcis et alta quies artus languore solutos
invasit, vincla atque animus mortalia rumpens,
5   servitii impatiens, propere loca vasta pererrat;
impavidus vada salsa secat, Neptunia regna,
invictusque labore excelsa cacumina scandit.
Urbes magnificas magno turbante tumultu
visit, et in dumis interque horrentia lustra
10   obscura ac nunquam humano pede trita vagatur.
Sic ultro citroque vagans, subito aspicit arcem:
canescunt neglecta situ munimina turpi,
murorumque labant infenso tempore moles.
Tum quidem ego in tempus moerente animo remeavi,
15   cum (nunc, heu, lapsum est!) tutari haec moenia possent
uxores, pueros, natas fortesque maritos.
Aulam repletam video, ac dulcem citharoedum
audire (infirmos cithara qui sustinet artus)
attentus videor, mulcentem carmine curas.
20   Voce canit rauca heroum nunc proelia dura,
nunc mortem heroum pertristi carmine plorat.
Nullo intervallo nullo vel tempore vinctus,
pars hominis divina animus super aethera scandit,
aut Stygii impavidus peragrat per regna tyranni,
25   sublimem nebulam conscendit et aera scindit,
aut subter fluctus descendit ibique pererrat.
Sic animus lusit meus insomnisque per orbem
me duxit, tractusque maris coelumque profundum,

tempora per praesentia, lapsa futuraque cogens.
30 Ceu volucris sine lege vagans nidoque relicto,
tandem frondiferis suspensa cubilia ramis
lustrando quaerit; ceu charis exul ab oris
dilectae patriae ad natalia respicit arva,
sic animus fertur meus ad tua littora Achaia.
35 Tum subito ante oculos coepere exsurgere formae,
quorum perstabunt semper praeconia laudum.
Primo oculis senior veneranda apparet imago,
cui frontem sulcis signarat ruga senilis.
Tristis erat vultus, nam, clari luminis expers,
40 vitam perpetua duxit caligine cinctus;
Sed Musae huic carmen dederant pro lumine adempto.
Longa undansque pedes vestis defluxit ad imos,
stabat crinibus intonsis sparsisque procella
hyberna, ilicis hirsutae patulaeque sub umbra.
45 A ramis lyra frondiferis suspensa pependit;
in coelum direxit inanes luminis orbes,
divinum afflatum orantes ab Apolline magno.
Extemplo egregio fulgor micat igneus ore;
tum ardorem ingenii torrentem animique vigorem,
50 vinclis immunem, vultu radiante videres.
Luce orbati oculi rutilo quasi fulgure splendent;
mox prendit citharam atque impellere pollice chordas
nunc coepit, resonisque replet concentibus auras.
Raucisonos cithara numeros fidibusque canoris
55 primo sollicitat, vesanaque jurgia regum
commemorat quando studiis certare nefandis,
Pelidis quando amplexu Atrides Agamemnon
charo Brisein voluit divellere pulchram.

Mox dulces sonitus reddit lyra pollice tacta
60 nam variatque modos, canit atque incendia amoris.
Quomodo commemorat Atridis adultera conjux
desereret thalami socium nataliaque arva;
oceani ut tentaret iter, vestigia sectans
Trojani Paridis. Regalia tecta reliquit
65 accenditque, mali genetrix, discordia bella.
Rursus ab integro numeros variat, nemus implet
concentu; afflatu divino membra tremiscunt,
igne oculi radiant, et fulmina dejicit ore.
Proelia dura canit, rigidi certamina Martis;
70 classica jamque sonant, hinc Hector saevus in armis
per medios hostes praeceps gladioque cruento
fulminat, atque ruens morientia corpora calcat.
Inde furit clypei dominus septemplicis Ajax,
hostes ceu fluctus rupes immota repellens.
75 Miscentur clangorque tubae gemitusque precesque;
Xanthus agit cursus, multo nunc sanguine tinctus.
Tunc coepit vates, felici carmine clarus,
concilium venerandorum cantare deorum.
Hic pater omnipotens, celsi moderator Olympi,
80 sublimi solio sedet ac decreta sororum
explicat, atque deis praecepta capessere mandat,
si vitare velint sedes diras Furiarum.
Tristes nunc sonitus dulcesque feruntur ad aures;
nam (quoniam Hector abest) mentem turbata dolore
85 uxor segnitiem plorat, divosque fatigat
continuis precibus ut servent morte maritum,
atque triumphantem reddant sine vulnere amicis.
Nunc cessat belli fremitus; petit ocyor aura

dilectum heroem, puero comitata tenello.
90 'Ecce pater, fili, redimitus tempora lauro
nobis jam redit invictus, non tactus ab hoste.'
Dixerat, amplexuque virum tenet oscula jungens.
Nunc gemitus resonant longe, horrendique ululatus
auras, foeminei questus, lamentaque complent.
95 Priamides Trojae columen, terror Danaorum,
nunc jacet occisus, sicca porrectus arena,
veste carens niveumque imbutus sanguine corpus.
Interea Priamus portis excedit ad arva,
gentis ubi Danaum numerosae castra locantur,
100 festinans iram mulcere immitis Achillei,
atque rogans precibus nati corpus laceratum.
Illum heros auditque benigneque corpore donat.
Cantarat vates afflatus numine Phoebi,
atque oculis fugiens densis se condidit umbris.
105 Extemplo ante oculos exsurgit Pindarus altus.
Dum citharae chordas resonantes pectine pulsat,
incenditque animos ac motu pectora complet.
Principio cantus mellifluus occupat aures,
quando hymnis laudat divum regem omnipotentem,
110 cujus supremo imperio arduus intonat aether,
atque poli crebro nigrantes fulgure splendent.
Cujus ob horrorem saevam surgentis in iram
orbis terrarum tremit, oceanique latebrae
saepe diuque tremunt coelique palatia labant,
115 Tartareique domus moestos reddunt ululatus.
Dein Phoebum, auctorem lucis clarae, canit hymnis,
Musarum ducem Parnassi sacra colentum;
Phoebum, qui vatem diis afflatibus implet,

                quique oculo rutilo ardentes radios jaculatur.
120   Nunc deus armipotens, bellator, munera laudis
                deposcit, vatesque parat persolvere quaesta,
                armorumque canit patrem, effera bella cientem.
                Cujus ad accessum, vibrantis cuspidem acutam,
                formido exsanguis rapido fugit ocyor Euro;
125   ecce deus torvo vultu atque micantibus igne
                luminibus rutilo fremit horridus ore cruento,
                dum juxta sidit Bellona accincta flagello,
                cornipedes stimulans spirantes naribus ignem.
                A tergo sequitur saeva et truculenta caterva:
130   sanguineam portans taedam Vulcania pestis;
                dira fames torvis oculis macieque peresa,
                caedes tinctam ensem puerorum sanguine vibrans,
                crudelisque rapina petens avertere praedam.
                Palladi nunc castae laetus dat munera laudum;
135   cujus ob imperium, commoti pectoris aestus,
                ira parens odii cadit, atque insana libido
                vindictae cessat, caecique cupidinis ardor,
                invidiae stimuli acres, suspicioque residunt.
                    Qui dulcis sonitus laetas nunc fertur ad aures,
140   secessu nemorum excedens? Vestigia verto
                illuc ac video gelidam dulcemque cavernam
                Musae Melpomenes, umbra tectam saliceti.
                Ante fluit limen lachrymarum rivus amarus;
                aurae quae frondes agitant sylvamque pererrant
145   indomiti moeroris sunt suspiria acerba.
                Melpomene hic residet, nullis terroribus apta,
                nam sylvam umbrosam nulla horrida spectra frequentant,
                nulli animi motus vehementes pectora turbant.

Antro enim inest viridi divini Euripidis umbra;
150 Musa favens auditque preces et vota precantis.
Excedit spelunca oculis fulgentibus igne;
nullam fert citharam, humanae sed tangere cordis
nervos conatur dulcemque sonum extrahit illis,
sic tristem ut moerore etiam fera saxa moveantur.
155 Rorantes lachrymas coelum defundit ab alto,
atque suum cantum dirimens plorat Philomela.
Ora rigant mea flumina salsa, animum dolor implet;
somno destituor fugiuntque insomnia grata.

103 De Summa Coeli Regione

Non ego delicias jucundas ruris amoeni,
arva sua et segetes, virides et gramine campos,
coeli templa cano, stellarum amplissima tecta.
Non cantu arma virumque, sed astra diemque celebro.
5 Advenit alma dies, en Lucifer ortus ab alto
indicat instantem solem, suffusa rubore
nox fugit, et splendent rubicundo lumine montes.
Aeratae coeli portae panduntur Eoi,
sol transit, lucisque parens rex atque diei,
10 incomitatus iter deserta per aera tendens.
Ros humectat agros fulgens gratissimus herbis,
tranquilloque lacu radiorum tela resultant,
et suaves spirat renovatum gramen odores.
O frugum alme parens, o clari luminis auctor,
15 nox aeterna tuo subducto numine coeli
et telluris opes tenebris involveret atris.
Ilico, restincto fruges ardore fovente,

floret nil; homini non praebet pabula terra,
nec frugem segetes, herbas neque prata ministrant,
20 sylvaque marcescit densis viduata capillis.
Ver nullum nitidis decorat nunc floribus agros,
nulla aestiva dies auget nunc frugibus arva,
autumnus nullus sectis succedit aristis,
annorum innumeros per lapsus horrida cano
25 bruma gelu terras niveo velamine vestit.
Imo etiam, sol clare, tuo tutamine amico
submoto, cursu turbatus maximus orbis
deorsum decideret praeceps per tempora longa,
iret iter declive inter flammantia signa,
30 prorsum festinans per vastos aeris agros
donec demum alium majorem allisus ad orbem
dissultaret et impleret coelum omne fragore.
Exitii talis praecordia concutit horror,
cum coelum invadit stridentibus horrida nimbis
35 tempestas terramque operit caligine caeca.
Mox longe resonant motura tonitrua mentes
humanas, sylvae trepidant, se solvit in undas
aether, et obscuris nimbi nimbis cumulati
ingeminant tenebras. Heu, quaenam flamma trisulca!
40 Est fulgur! Rutilat, tenebras ostendit, et exit.
Heu, unde ille fragor saevus quasi terrae ululatus!
Fulminat et festinam intentant omnia mortem.
Terra tremit, petit oceanus fontes citus imas:
quid mirum si homines etiam timeantque tremantque?
45 Jamque metus pellens pronos sol nubila vincit
ac tristi coelo propere discedere mandat;
continuo parentia rumpuntur fugiuntque.

Eoo pluvius coelo describitur arcus
solis inardescens radiis, insignis honesta
50 forma et coelesti varius splendore colorum;
paullisper fulget, tunc evanescit in auras.
    Interea sol occiduas festinat in undas,
nox ruit et nigrante aether praetexit amictu,
paullatimque atris coelis astra ignea surgunt.
55 En pleno orbe micat moderatrix Cynthia noctis!
Jamque chorus Dryadum penetralia linquit opaca
et choreas ducit, gaudens spectante Diana;
Naiadumque cohors secretas descrit aulas
atque hilaris lavat argento fulgentibus undis;
60 Nymphae monticolae caecis obscura latebris
destituunt tecta, et speculantur culmine ab alto
lustrantes sylvas, fluvios, collemque lacumque,
clare splendentes tremulo sub lumine lunae.
Interea innumeris coelum distinguitur astris:
65 hic circa solem ducentia sidera gyros
palantur, noctis luces terraeque sorores.
O juvat, astra micantia, quae sitis meditari,
sive domus heroum quando membra reliquit
spiritus, aut mundi ornati sylvisque jugisque,
70 vallibus et fluviis, varii terra oceanoque;
sive genus vestras purum sceleris regiones
cui nihil optandum teneat; seu mole gravatum
culpae aliud genus humanum trahit anxia vitae
tempora ibi, angusta et variis exposta periclis.
75 Heu, quaenam illa facem ducens crinitaque stella!
Est lugubre cometa rubens et pectora turbans.
Sitne locus poenae Ditisque inamabile regnum,

ignis ubi nunquam torrens ardescere cessat,
seu jussus daemon vagus errare aethere in alto,
80 nunc propiore ardens, frigens nunc sole remoto,
seu tantum exitii vates, qui numinis iras
summi significat, terrisque extrema minatur?
Ast pauca absolvunt solennes sidera cursus
circa solem, alii stabiles sunt aethere fixi
85 flammantes orbes, propria qui luce refulgent.
Illic Pleiades rutilant, et aquosus Orion,
hic nautas tutans alta speculatur ab arce
arctos, et hic claros via lactea pandit honores.
Dicite, vos vigiles coeli noctisque silentis
90 custodes, illae sedes sitisne beatae,
quas Zephyri oceani mulcent clementibus auris,
atque ubi perpetuo viridissima gramine ripa
et sylvae atque rubi flavescunt floribus aureis,
an facti sitis solum lucem dare nocti,
95 coelum ornare, oculosque hominum oblectare nitore?
Nequaquam: vix, vix oculos intendere possum
ut videam propiores; millia millia soles
ultra aliis terris lucem dant atque calorem.
Ex his discat homo quam sint terrestria vana;
100 orbis enim suus ipse est tantum lucida gemma,
numinis aeterni coelesti inserta coronae.
Discat et imperium summi regis venerari,
qui mundum jussit fieri ex sine ordine mole,
quo dicente, esto lux, lux fuit, atraque noctis
105 qui stellis aulaea ornavit, quique residens
sublimi solio supra illa micantia signa
hinc terras regit, impulsusque per omnia fundens

       innumeros docet assuetos percurrere gyros
       orbes, et casu atque errore tuetur ab omni.
110   Vos, elati animi, vana ambitione tumentes,
       vos qui sceptra hominum turbantia corda tenetis,
       vos foecundae terrae, vos etiam aequora lata,
       vosque orbes rutili splendentes aethere puro,
       o tremite, aspicientes praesentem Omnipotentem:
115   qui fecit verbo, valet et subvertere verbo.

JOHN C. FISHER
1820

John Quincy Adams in his *Diary* entry for 5 February 1831 writes, "Mrs. Tudor called.... She added that an Englishman named Fisher had once published in a Boston newspaper a Latin poem in honor of my father, of which she herself had made a translation.... Mrs. Tudor afterwards sent me over the Latin poem and translation.... The poem is a Latin ode... upon the second centennial Plymouth celebration, 22 December 1820, signed John C. Fisher."

The editor of the *Boston Daily Advertiser and Repertory* stated, "Our readers, who observe the quarter to which we are indebted for it, will do justice to the courteous spirit it breathes."

I have learned nothing further about Fisher.

See *Memoirs of John Quincy Adams,* edited by Charles Francis Adams (Philadelphia, 1876), VIII, 312.

JOHN C. FISHER
1820

104 Carmen Seculare

Quo me paventem, Musa, rapis tui
periculoso numine percitum,
   ut tanta tentem fortiori
      non temere emodulanda plectro?

5 Lenita nostro parce, precor, metu
urgere. Perstas! ergo lyram novo
   fervore velox et refectis
      sumo libens animis repostam.

Jam bina crevit secla Columbiae
10 invicta proles! Inclyta moribus
   tellus, per omnes mira gentes,
      artibus ingenuis decora,

orbem marinum mercibus occupas,
hostem superbum fulmine territas;
15   frangenda nullis tu procellis
      altisonis minitaris undis.

Cornu beato Copia fertiles
exornat agros arvaque vestiunt
   messes opimae, et plena ruris
20   horrea deliciis abundant.

Adsuetis duris membra laboribus
fervet juventus sanguine nobili:
   non stirpis haec oblita priscae,
      inmemor aut veterum parentum.

25   Portus capaces vocibus adsonant
        dum linquit oram navita sedulus:
           torquet gubernaclum magister
              atque jubet dare vela ventis.

        Non factiosis civibus angimur,
30   nec poena fortem prosequitur cito
           quae sentiat fari, licetque
              omnibus hic aperire pectus.

        Tui per orbem dum celebrabitur,
        Columbe, magni gloria nominis;
35   dum corda libertatis ardor,
             dum patriae pietas movebit,

        una vigebit celsior omnibus
        et posterorum laudibus auctior,
           qui vindicandae civitatis
40   arbitrio domitae Britanno

        suscepit audax consilium, neque
        fefellit alta spe minor exitus.
           En jacta fundamenta juris
              temporis haud quatienda fluctu!

45   Qui nunc priorum fulcit imagines
        quo magna gaudet pagina nominum,
           spectandus omni labe purus,
              tam bonitate fideque notus

        quam munientis vi sapientiae,
50   nunc dignitati consulit otia
           felix agendo: si vocavit
              patria, non timidus laborum.

>   Illius urna serius exeat
>   sors evocatura! Ast ubi cesserit,
> 55   adultus haeres, alter idem,
>   nil minuet patrios honores!

SAMUEL WILSON

fl. 1800 - 1825

Almost nothing is known about Samuel Wilson. References in Kentucky newspapers indicate that in 1808 he conducted the Forest Hill Academy in Jessamine County, and that by 1826 he conducted the Nicholas County Seminary. He was the author of *The Kentucky English Grammar* (Lexington, 1797); *The New American Rational Spelling Book* (Lexington, 1810); and *Chelys Hesperia: Carmina Quaedam Anniversaria et Alia* (Lexington, 1825).

See Ralph Leslie Rusk, *Literature of the Middle Western Frontier* (N. Y., 1926), I, 263.

SAMUEL WILSON
fl. 1800 - 1825

105 Vir probus adversa fortiter ferens laudibus effertur

Proximus divis sedeat beatis,
temnat et vulgi rabiem maligni,
qui decus verum colit atque puro
    pectore degit.

5 Saeviat Fortuna, abeant amici,
invidi rodant lacerentque famam,
aut parent vitae insidias scelesti
    mente feroci:

sed Deo fultus, patiens malorum et
10 corde sedato bibit aut cicutam,
aut ad exemplum crucifixi Iesu
    morte triumphat.

106 Ad Diem Natalem Libertatis Americae Septentrionalis

Diva Libertas, Heliconis alti,
dic modos dulces animum moventes:
Julii mensis celebrare Quartum
    carmine vellem.

5 Alme Sol, curru referas nitente
semper et ludos, hilares et horas:
concinant cives memorem diemque
    voce canora.

    Hic dies festus rediens quotannis
10 eximet nobis animi dolores,
    namque Libertas precibus benignam
        praebuit aurem.

    Surge, lux laudanda et honore digna,
    quo die patres juga disciderunt,
15 quo die dextra eripuere forti
        sceptra tyrannis.

    Britonum rex nam dominatione
    ferrea vincla imposuit colonis;
    jura sed cives bene vindicarunt
20   belligerantes.

    Signa tunc tollens radiata stellis
    gloriam aeternam America est adepta;
    hostium turmas superavit omnes
        numine ducta.

25 Liberum jus nunc manibus tenemus,
    vivimus tuti et nemorum sub umbra,
    affluit tellus Cerere atque abundat
        lacteque melle.

    En superbis regibus et fugata
30 cara Libertas oriente ab ora
    advenit exul, simul inferensque
        Palladis artes.

    Sacra nunc Phoebo melicisque Musis
    templa fundantur: nucibus relictis,
35 imbibunt haustus dociles alumni ex
        fonte perenni.

Floreas longum, America o beata,
libera et felix vigeas in aevum,
filii juncti et maneant Columbi
40   unanimesque.

107   Insignis Jacksoni Victoria prope Urbem Aureliam Novam de Britannicis Copiis Reportata, Die Octavo Mensis Januarii 1815, in hac Oda Celebratur

Aureus Phoebus roseis quadrigis
jam diem laetum rediens revexit,
jure festivum, tenebris fugatis
    territa ab urbe.

5   Mente saeva namque acies feroces
Britonum flammas meditantur urbi, et
aureum vellus misere ac rapinas
    arripere ardent.

Surgit Aurora ex croceo cubili;
10   copiae hostiles simul et videntur
progredi ex castris pedibus citatis,
    dira minantes.

Imperat nostris animosus heros
proelio Jackson, vehementer atque
15   suscitat vires acuitque Martem
    pectore firmo.

Arma nunc fulgent litui strepuntque,
ordine vallo rapide propinquant,
clamor auditur reboantque ripae
20   nobilis amnis.

Impetum impulsi sed inauspicatum
jam ter in vallum faciunt furore;
fortiter nostri ter enim repulsant
strage tremenda.

25   Fulminat Jackson, tonitru vibransque
diruit densas subito phalanges
hostium, sternitque duces superbos
impete vasto.

Sic pater divum nitido ex Olympo,
30   flammea dextra jaculatus ignes,
impias turmas pepulit Gigantum
fulmine ad Orcum.

Hostibus justo domitis triumpho,
urbe servata excidio nefando,
35   gloriam noster meruit perennem
lauriger heros.

O beata Aurelia salva perstes,
hanc in aeternum celebresque lucem,
concinant omnes memoresque grata
40   carmina divis!

108   Viro Clarissimo Fayetto,
nostram permeanti rempublicam, atque Lexingtoniam
hospiti exoptatissimo adeunti, hocce melos Sapphicum,
cum summa observantia, D. D. D. Q., U. T.
Alumnus ascitus

    Devolans Pindo aut Helicone, Clio,
    huc veni paulum fidibusque canta,
    advenit dux nam celebris per orbem
        nobilis hospes.

5   Fer sacras lauros viridesque myrtos,
    flosculos addens amaranthi amoenos,
    atque Fayetti meritam capillis
        necte coronam.

    Tum lyra carmen modulans eburna,
10 dic virum insignem pietate et armis,
    quique virtutis teneris ab annis
        culmen adibat.

    Pinge Fortunae generosum alumnum,
    saxa Sirenum fugientem acuta,
15 gloriam ad veram gradibusque plenis
        accelerantem.

    Mente sublimes meditanti honores,
    ecce descendens nitido ex Olympo
    alma Libertas, radiante coeli et
20   luce refulgens

    astitit, dextram arripiensque dixit:
    "Macte virtute, o juvenis beate,
    quo vocat virtus, rapiunt et aurae,
        i pede fausto.

25 Namque trans undas pelagi sonantis,
    sparsa per campos viridesque colles,
    gens et umbrosas mihi cara silvas
        aurea degit,

    pressa quae sceptro gravius tyranni
30 exteri, bello implicita et cruento,
    ad meas aras venit atque supplex
        numina poscit.

    Surge, Neptuni liquidam et per undas
    i viam findens, fer opem colonis;
35 quaere tellurem Americae beatam,
        sospite cursu."

    Dixit, alisque ambrosiis levata
    avolat, cursum Hesperias ad undas
    diva coelestis celeres per auras
40   torquet et altum.

    Percitus tali monitu deorum
    apparat naves, socios et arma;
    Galliae molli ex gremioque dulcis
        prosilit heros.

45 Panditur velum, vehitur per altum
    flosque Gallorum decus atque clarum,
    nec petens gazas Arabum aut superbae
        Colchidis aurum.

    At simul terram tetigit Columbi,
50 emicans armis patriaeque patrem
    adjuvat magnum, America et levata,
        depulit hostes.

Clare dux salve, placidam et senectam
dent tibi longam superi, atque coelis
55 gloriae aeternam accipias triumphans
morte coronam.

109   Ad Horatium Holleium, LL. D., Academiae Transylvaniensis Praesidem

Quid legi dignum tibi donet, Hollei,
musa silvestris, redeunte vere,
dum sedet curas minuens edaces
carmine dulci?

5   Delia ex lauro Paphiaque myrto
necterem gratus meritam coronam;
tale donaret tibi munus, Hollei,
musa, libensque.

Nulla sed nostro nemore aut in agro
10 nascitur laurus neque amoena myrtus,
prata sed fundunt variosque flores
suave et olentes.

Ex quibus plexis hedera virente
sagmine et sacro nitidam corollam
15 musa contexet, meditans amico
ruris honores.

Aede musarum eximius sacerdos
artibus formas docilem juventam,
splendidum et monstrans Heliconis alti
20 scandere culmen.

Tuque doctorum coryphaeus atque
mente praecellens superas et omnes,
aureas fundens sophiae loquelas
    ore rotundo.

110   Deo optimo maximo, omnium parenti omnibusque colendo, oden hanc seu hymnum animo reverentissimo donat, dicat, consecratque filiorum humillimus

Conditor mundi omnipotensque rector
coelitum, supplex veniens ad aram,
nunc tuum sanctum, Pater o benigne,
    numen adoro.

5 Unice, aeterne, omnituens, supreme,
gloria coeli nitidi refulgens,
da tuas vati celebrare laudes
    carmine sacro.

Ante stellatum Deus o fuisti
10 aethera, aeternum jubar et coruscum,
luce divina rutilaque flamma
    semper amicte.

Spiritus coeli, maris atque terrae,
intuens, lustrans agitansque cuncta,
15 pectus o imple penitusque cordis
    dirige motus!

Suscita sacras precor o calores,
lumen infunde et radiis benignis
gratiae exorna ingenium, atque mente
20   pelle tenebras!

Magne Rex o coelo habitans in alto,
intremit tellus hominumque corda
concidunt, cum tu rutilante dextra
    fulmina torques!

25 Sancta majestas tua splendet astris,
frugibus terrae bonitas videtur,
flosculis ridet tuaque et venustas,
    vere rubente.

Pone me Thules gremio rigente,
30 transfer in siccas Garamantum arenas,
te colam gratus referamque laudes
    corde fideli.

Incolae mundi tribuant honores
rite coelesti solitos parenti,
35 cantibus sacris resonentque colles
    et nemora alta.

111 Ad diem natalem libertatis
Americae Meridionalis

Laurea crines redimite, Apollo,
huc veni, tecum properentque Musae:
lux adest semper celebranda et alto
    carmine digna.

5 Lesbio chordas citharae sonantis
fortiter pulsa tremulasque plectro,
carminis flumen simul ore volvens
    funde melosque.

Nam diu pressos nimium Columbi
10 filios quondam dominis superbis,
hic dies alma eripuit, catenas
    atque refregit.

Notes to the Poems

1 *Census,* no. 1. Text from William Morrell, *New England, or A Briefe Enarration of the Ayre, Earth, Water, Fish and Fowles of that Country. With a Description of the Natures, Orders, Habits, and Religion of the Natives; in Latine and English Verse* (London, 1625), and *The American Apollo,* I (1791), 125-39. Date: 1625.

The complete Latin poem totals 309 lines.

41 The geese that by their warning cackle saved Rome in 392 B.C. **42** *canautas* is perhaps the contemporary version of "Canucks." Cf. the term *Canadaros* in poem 62, line 12.   **58** *fabros* is my emendation of the original *fagros*.

2 *Census,* no. 2. Text from Philip Vincent, *A True Relation of The Late Battell fought in New-England, between the English and the Pequet Salvages* (London, 1638). Date: 1638.

15 *Novanglia* is my emendation of the meaningless *Novonia* of the original.

3 *Census,* no. 3. Text from *Magnalia* II, 33. Date: after 1638. English translation in Morison, *Founding of Harvard,* pp. 225-26.

Harvard, benefactor after whom the College was named, died at Charlestown, Mass., 14 September 1638.

4 *Census,* no. 22. Text from Thomas Shepard, *The Church Membership of Children* (Cambridge, Mass., 1663). Date: 1663.

Thomas Shepard (1605-1649), of Emanuel College, Cambridge, was minister at Cambridge, Mass. for the last fifteen years of his life. A prolific writer.

5 *Census,* no. 23. Text from Kaiser, pp. 353-55. Date: 1664.

John Norton (1606-1663), graduate of Peterhouse, Cambridge, teacher of the Church at Boston, largely responsible for persecution of the Quakers of New England.

Obvious are various Biblical and Vergilian echoes.

6 *Census*, no. 4. Text from Kaiser, pp. 347-50. Date: 1647.

Thomas Hooker (1586-1647), graduate of Cambridge University, popular preacher in England, founder of Hartford, Conn.

Reminiscences of Ovid and Vergil abound.

11 Hooker was an especially popular lecturer at Chelmsford, England.   **13** Corlet's spelling of *Calchas*.   **17** Archbishop William Laud.

7 *Census*, no. 53. Text from Kaiser, pp. 363-66. Date: 1683.

John Hull (1624-1683), wealthy silversmith and merchant of Boston.

The lines are suggestive of Ovid chiefly, and Horace.

13 Emend to *procerem?*   **27-28** My revision for this edition.

8 *Census*, no. 5. Text from Kaiser, pp. 350-52. Date: 1649.

Thomas Hooker (1586-1647), the great religious leader, John Winthrop (1588-1649), the great secular leader.

The last two lines were subscribed in Chauncy's hand with the signature "Isaack Chan." (Chauncy's son, 1632-1712).

9 *Census*, no. 41. Text from Kaiser, pp. 355-57. Date: 1670.

John Davenport (1597-1670), Puritan clergyman who in 1637 founded New Haven, Conn. with Theophilus Eaton.

Apparently not wholly satisfied with having written this anguished cry, Chauncy composed a second elegy on Davenport, titled simply "Aliter" (text in Kaiser, pp. 357-58), marred by excessive striving for antithesis.

10 See 1 *Kings* 7: 21.   **15** See *Mark* 3: 17.

10 *Census*, no. 7. Text from Kaiser, pp. 352-53. Date: 1652.

John Cotton (1584-1652) reached New England in 1633, became teacher of the Church at Boston, engaged in controversy with Roger Williams, wrote seven sets of English verse.

11 *Census,* no. 10. Text from Leo M. Kaiser, "Early American Latin Verse: 'Epigram on an Earthquake' by Peter Bulkeley," *Seventeenth Century News,* XXXIV (1976), 68-69. Date: 1653.

The earthquake occurred 29 October 1653.

12 *Census,* no. 12. Text from *Magnalia* I, 403. Date: 31 January 1654.

13 *Census,* no. 14. Text from *Magnalia* I, 403. Date: 25 March 1657.

14 *Census,* no. 15. Text from autograph MS in the Winthrop Papers at the Massachusetts Historical Society. Date: 1658.

Theophilus Eaton (1609-1658), born in England, a merchant and Governor of New Haven Colony.

15 *Census,* no. 19. Text from Cotton Mather, *A Faithful Man Described and Rewarded* (Boston, 1705), p. 43. Date: Determined from the time of Wigglesworth's sickness at Malden, c. 1660.

16 *Census,* no. 21. Text from the autograph MS of his *God's Controversy with New England* in the Massachusetts Historical Society. Date: "1662," as stated by Wigglesworth himself, "in the time of the great drought."

17 *Census,* no. 45. Text from Broadside of Harvard College *Catalogus* (Cambridge, Mass., 1674). Date: 1674.

Hoar was the first to issue a catalogue of Harvard graduates to maintain the pride of Harvard men, and to impress possible benefactors in England. A translation appears in Morison, *Harvard College,* pp. 413-14.

18 *Census*, no. 47. Text from Kaiser, pp. 358-60. Date: 1678.

The Rev. Thomas Thacher of Boston's Old South Church died 18 August 1678. To the elegy Eleazar attached two Greek couplets that claim Thacher's name will always be revered since his soul has soared to heaven. Thacher came to Boston from England in 1635 at the age of fifteen; became minister at Weymouth for many years; a fervent enemy of Quakers. See *Magnalia* I, 488-97.

19 *Census*, no. 48. Text from Kaiser, pp. 360-63. Date: 1681.

Adams inscribed this poem on the fly leaf of his copy of Oakes's *The Sovereign Efficacy of Divine Providence* (Boston, 1682). Echoes of Vergil abound.

Oakes (1631-1681) served as President of Harvard from 1675 to 1681.

24-29 Adams adduces classical and Biblical homonyms or equivalents of *Urianus Oakesius*. **27** See *Exodus* 28:20 and 2 Esdras 8:4.

20 *Census*, no. 78. Text from autograph MS of Sewall's *Diary* for 28 October 1705 at the Massachusetts Historical Society. Date: 1705.

Sewall under date of 28 October 1705 merely writes "This Distich finished."

1 See *Daniel*, ch. 5.

21 *Census*, no. 80; cf. no. 79. Text from autograph MS of Sewall's *Diary* for 24 December 1705 at the Massachusetts Historical Society. Date: 1705.

The poem was inspired by Sewall's learning that a seminary in Quebec had burned, and that flaming shingles flew to a distant chapel and set on fire a cross there.

22 *Census,* no. 85. Text from autograph MS of Sewall's *Letterbook* for 17 December 1709 at the Massachusetts Historical Society. Date: 1709.

Sewall inscribed this in a *Commentary on Job* given to Governor Charles Sucre of Carthagena, then in Boston. See Leo M. Kaiser, "On Sewall's *Diary,*" *Early American Literature,* XI (1976-1977), 279.

23 *Census,* no. 100. Text from Kaiser, pp. 366-69. Date: 1715.

Bridge, born in England in 1657, received an honorary A. M. from Harvard in 1712, minister and Governor of the Bermudas, minister of the First Church of Boston, died 1714. This is likely a student composition.

3 *esse* is my correction of the original *fore.*   **19** *ingenii superavit* is my correction of the original *ingenio superat.*   **26** *vero* defective metrically; mood of *erat* is postclassical.

24 *Census,* no. 113. Text from Kaiser, pp. 369-72. Date: 1723.

Logan's daughter Rachel died in infancy in 1723. In a letter dated Philadelphia, 21 July 1723, touching details of which I have excerpted in "Three Neo-Latin Studies," *Classical Folia,* XXI (1967), 167-68, Logan forwarded to his brother William of Bristol, England, the present elegy.

14 The MS is damaged at this point.   **30** I have added *Vale* to complete the line.

25 *Census,* no. 114. Text from Leo M. Kaiser, "An Unpublished Latin Poem of James Logan," *Seventeenth Century News,* XIII (1967), 43. Date: 21 July 1723.

This poem, a translation of a Greek poem by Daniel Heinsius in his *Poemata* (Leyden, 1640), p. 71, was composed by Logan on the occasion of the death of his infant daughter Rachel, and inscribed on the rear fly leaf of his copy of Heinsius.

26 *Census*, no. 124. Text from MS in Robert Proud's hand at the Historical Society of Pennsylvania, and the edition with translation in Robert Proud, *History of Pennsylvania* (Philadelphia, 1797-1798), II, 36-73. Date: 1729.

Proud states that the present poem, and an earlier (briefer) *Encomium Pennsylvaniae* done in 1728 (extant now only in Makin's English verse translation), were dedicated to James Logan, and that they were discovered among Logan's papers years after his death. My researches suggest that Proud made a MS copy of the *Descriptio Pennsylvaniae* from Makin's original which he found at the Friends' School, and edited this with various changes of his own for his *History*. See Leo M. Kaiser, "Lost Early American Latin Poems," *Neo-Latin News*, XL (1982), 34-35.

John Davis, an English visitor to the United States about 1798 had read Makin's poem and quotes several lines from it; see John V. Cheney, ed., *Travels of John Davis in the United States of America* (Boston, 1910), I, 99, 117. At the head of chapter 14 of Mark Twain's *Gilded Age* six lines of the poem are quoted.

The poem makes interesting reading, although the irregular use of moods is somewhat distracting.

18 MS: *cancris*.   **19** MS: *frigore*.   **26** *sit:* my correction of *fit*. **115-116** Not in MS.   **123-124** Proud's translation suggests that these lines should really be 121-122.   **135** MS: *lampyrades*. **139** MS: *lapidis;* Proud: *lapides*.   **146** MS: *odorque;* cf. Juvenal 14. 204-205: *lucri bonus est odor ex re / qualibet*.   **147-48** Not in MS. **178** MS: *quisque*.   After 186 are these two lines in the MS, neither printed or translated by Proud: *Sed si forte cliens, opulentior aurea dones, / plura procul dubio munera victor eris*.   **189** MS: *perrumperat*. **190** MS: *quod*.   **201** MS: *secta* (for *rupta*).   **210** MS: *habent;* Proud: *habet*.   **213** MS: *Schuilkil*.   **229** MS: *linguaeque;* Proud: *linguae*.   **233** MS: *speciosa*.   **242** MS and Proud: *excercent*. **248** I have written *nectareum* for *nectoreum*.   **253** MS: *nomine*. After 254 of the Latin, Proud in his translation included this couplet: "(Except the country swains distinguish'd praise / Demand the notice of my closing lays)." No justification exists in MS either.   **257** MS: *quocumque*.   **267** MS: *supellex;* Proud: *supella*.   **269-70** Not found in MS.

27 *Census*, no. 125. Text from *The New England Weekly Journal* (Boston), 29 June 1730, p. 1. Date: 1730.

28 *Census*, no. 128. Text from Kaiser, pp. 372-74. Date: 1733.

Joseph Norris (1699-1733) was one of seven children, the oldest son of Isaac Norris (1671-1735), mayor of Philadelphia. He probably attended the Friends' School. Death followed a short illness. His obituary in the *Pennsylvania Gazette* of 18 October 1733 described him as a man "of considerable learning, yet a most facetious and agreeable companion."

10 *calenturam*, a neo-Latin word for a hallucinatory disease. **11** *Dosis*, medieval Latin for "dose." **19** MS: *quidem*.

29 *Census*, no. 133. Text from Kaiser, with Dawson's verse translation, pp. 375-80. Date: 1737.

Sir John Randolph (c. 1693-1737), Speaker of the Virginia House of Burgesses. Dawson reveals little about him in this elegy that clearly is indebted to Vergil, Ovid, Tibullus, and Propertius.

16 The sense of the line is uncertain, the translation here reading, "Our wretched Seminary wails to find / A Loss so great, as its departed Friend." **21-22** Not translated by Dawson. **29** *relinquimus* in the *Gazette* text.

30 *Census*, no. 135. Text from Leo M. Kaiser, "A Rediscovered Latin Poem of Nathaniel Gardner," *Seventeenth Century News*, XXXV (1977), 70. Date: 1739.

Latin teachers seemed fond of assigning hymns of Dr. Isaac Watts for translation into Latin verse. This may be the origin of the present poem, which Gardner likely revised in 1750, and sent to a certain "S. W.," saying it was the product of a sleepless night. The translation, free but faithful, matches the number of lines of Watts's hymn.

6 The *Oxford English Dictionary* (s. v. "seraph") states that the Latin noun *seraph, seraphis* had some currency in the Middle Ages. **19** Gardner apparently first wrote *psalluntque sonoricus* but changed to *psallunt ac altius* since he did not find *sonoricus* in the best authors. **31** "Philo-Musae," whose transcription of Gardner's MS in 1806 is our sole surviving text, left out a word in this line. Watts's English is of no help in supplying it. I have filled the lacuna with *Cherubes*, a form analogous to *Seraphes*.

31 *Census*, no. 157. Text from Leo M. Kaiser, "Latin Teacher 1754," *The Classical Journal*, LXIII (1968), 300-303. Date: 1754.

Gardner on 4 February 1754 sent this poem to fellow Latin teacher and Latin lyrist, John Beveridge (see p. 104), along with a Latin covering letter explaining that outside of translating some hymns of Isaac Watts into Latin, this is his first Latin verse effort. Echoes of Horace, Vergil, and Ovid are everywhere.

13 *felices* metrically faulty.   **22** William Lyly (c. 1466-1522), author of a famous Latin Grammar.   **135** MS: *diffundunt*.   **140** Mathurin Cordier (1478-1564) wrote the popular *Colloquia* for young students.   **141** I prefer now *quae* of the MS to the suggested *quia*.

32 *Census*, no. 137. Text from *The General Magazine, A Historical Chronicle for All the British Plantations in America*, 1, 6 (June, 1741), 417-19. Date: 1741.

George Thomas (c. 1705-1755) was Deputy Governor of Pennsylvania from 1738 to 1747. Later General of the Leeward Islands (see Appleton).

10 *caudas:* "whips"? *lunasque:* "scimitars"? (Columella, *De Re Rustica*, 12.56.1, speaks of *ferramento lunato*).   **11** *Indorum* in original.   **14** André Hercule de Fleury (1653-1743).   **20** Admiral Edward Vernon (1684-1757).   **21** Engagement at Porto Bello in 1739.   **24** Of Patara, a Lycian town having an oracle of Apollo.   **59** James Fitz James, Duke of Berwick (1670-1734), killed by a cannon shot at Philipsburg.   **53** Sir Philip Sidney (1554-1586).   **65** John Churchill, Duke of Marlborough (1650-1722).   **69** Prince Eugène of Savoy (1663-1736). *Sabaudia:* Savoy.   **72** Claude Louis Hector de Villars (1653-1734).   **83** *pulchricomus*, not in the lexicons; cf. *auricomus*.   **105** Note indicative.   **113** I have thus emended *ingeniosa etiam doctrina et magnificentia clara* of the original.   **140** I have supplied *et*.

33 *Census*, no. 138-40. Text from the *Pennsylvania Gazette*, 17 February 1742, p. 3. Date: 1741.

Andrew Hamilton (d. 1741; see *DAB*) in earlier life kept a classical school in Accomac County, Va., later became Speaker of the Assembly of Pennsylvania, and a lawyer of great reputation. He was Deputy Governor of Pennsylvania, 1701-1703. He successfully defended John Peter Zenger in 1735. A text and translation of Lowry's poem is in R. A. Konkle, *The Life of Andrew Hamilton* (Philadelphia, 1941). See Lemay, no. 653.

28 Adm. Sir Chaloner Ogle, defeated at the siege of Cartagena, March-April, 1741.   **59** A diminutive of *scius, a, um?*   **89** My emendation of *Fert ita causatum series et ineluctabile fatum.*   **102** *novena,* refers to the nine words in 99-100.

34 *Census,* no. 147. Text from *Pennsylvania Journal or Weekly Advertiser,* 1 December 1748, p. 1. Date: 1748.

The poem is preceded by a Latin letter to Hamilton in which the poet states he is not known to his subject, but had heard of his father, Andrew, both in Pennsylvania and Maryland.

James Hamilton (c. 1710-1783), son of Deputy Governor Andrew Hamilton of Pennsylvania, was Lieutenant Governor of the state from 1748 to 1754, and from 1759 to 1763. John Beveridge wrote a Latin dactylic tribute to him (*Census,* no. 189) in his second term.

35 *Census,* no. 151. Text from C. Webster Wheelock, "Benjamin Young Prime, Class of 1751: Poet-Physician," *Princeton University Library Chronicle,* XXIV (1968), 136. Date: 1751.

John Maltby, A. M., was one of the first two tutors in the College under President Aaron Burr, commencing their services in 1749-1750. He went to Bermuda possibly as a missioner.

The poem is subtly tinged with echoes of Catullus, Horace, and Vergil.

36 *Census,* no. 150. Text from Leo M. Kaiser, "Carmen Gratitudinis: A Latin Tribute to President Aaron Burr by Benjamin Young Prime (1751)," *Humanistica Lovaniensia,* XXVI (1977), 228-35. Date: December 1751.

Aaron Burr (1715-1757), a Yale graduate and a fine classicist, was President of Princeton from 1748 to 1757. He also tutored Prime.

The poem is full of classical reminiscences though it shows also some post-classical diction and syntax, as in the mood-usage.

5 *paterne* is awkward in view of *paterni* (line 6); perhaps *perenne* was Prime's original reading.   **46** *indigitasse* in the margin; *docuisse* in the text.   **93** MS: *sique.*

37 *Census,* no. 154. Text from [Benjamin Young Prime], *Muscipula sive Cambromyomachia... or the Battle of the Welsh and the Mice, in Latin and English, with Other Poems in Different Languages* (New York, 1840), pp. 50-53. Date: probably 1751.

This is probably a college translation exercise; see note 30.

6 Old lexicons sometimes list *tonitru* as a nominative.   **25** I have so emended the original *tremetque.*

38 *Census,* no. 153. Text from [Benjamin Young Prime], *Muscipula sive Cambromyomachia... or the Battle of the Welsh and the Mice, in Latin and English, with Other Poems in Different Languages* (New York, 1840), pp. 38-49. Date: probably 1751. This also is likely a college translation exercise. Prime added an English version on facing pages. We have selected seven of the twenty-one stanzas.

39 *Census,* no. 213. Text from *The American Chronicle* (New York), 31 May 1762, p. 1. Date: 1762.

Preceding the poem Prime wrote that it "may possibly afford some Amusement, at least to the more learned Part of your Subscribers," and to those "of the lowest Class, can't be less insignificant than many a Play-bill or trifling Paragraph."

The poem is based upon II *Kings* 1: 19-27, which it follows rather closely.

40 *Census,* no. 221. Text from [Benjamin Young Prime], *The Patriot Muse* (London, 1764), pp. 79-82. Date: 1764.

Not all will agree with Prime's designation *Stylo Lucanio,* although vividly descriptive passages occur in the poem.

41 *Census,* no. 155. Text from Beveridge, pp. 21-22. Date: 31 December 1752.

Innes is described by Beveridge as V*(erbi)* D*(ei)* M*(inister)* in *Parochia de Merton ad ripam Tuedae in Britannia Septentrionali.* While still in Scotland, Beveridge wrote Innes two Latin odes lamenting his hard lot as a schoolmaster. See Kaiser 1963: 216, 218-19.

1-4 Beveridge arrived in America in 1752.

42 *Census*, no. 156. Text from Beveridge, pp. 23-24. Date: 13 January 1753.

On Gardner, see p. 65. Beveridge writes him from Falmouth, Me. See Kaiser 1963: 219.

43 *Census*, no. 158. Text from Beveridge, pp. 25-26. Date: 1754.

William Shirley (1694-1771), colonial Governor of Massachusetts, and after Gen. Braddock's death commander-in-chief of all British forces in America. In 1756 he was held responsible for the loss of Oswego and relieved of his post. In this poem Beveridge is probably referring to Shirley's trip to Maine to arrange a treaty with the Indians. See Kaiser 1963: 221.

44 *Census*, no. 159. Text from Beveridge, pp. 26-28. Date: 1754. See Kaiser 1963: 221.

1 Acadia.   **11** Bay of Fundy.   **18-19** Fort Halifax.   **24** Jesuits.   **33** A letter from one French missioner to another outlining, according to Shirley, an attempt to save a mission even though it might touch off a war. See Charles H. Lincoln, ed., *Correspondence of William Shirley* (New York, 1912), II, 74-76.

45 *Census*, no. 164. Text from Beveridge, p. 33. Date: the third stanza may refer to the victory of Sir William Johnson at Lake George in September, 1755.

On Gardner, see p. 65.

1 *Stupescit* appears in Beveridge's list of errata as his "correction" of an original *Dum stupet*.   **1-4** In 1755 Shirley led a force against Niagara, but got no further than Oswego.   **6** Fort Niagara.   **15** My emendation of *citato*.   **17** My emendation of *chylyn*.

46   *Census*, no. 172. Text from Beveridge, pp. 34-35. Date: 1755. See Kaiser 1963: 221.

Oswego, N. Y., on Lake Ontario. Fort Ontario was built there in 1755. On Shirley's march there, see poem 45.

2 *urbs:* Boston.   **6-7** fireworks.   **13** *aere fuso:* "cast bronze."   **14** fireworks.   **33** ff. Shirley had just lost two sons, one with Braddock, the other by fever.

47   *Census*, no. 174. Text from Beveridge, pp. 31-32. Date: 1756? See Kaiser 1963: 220.

John Lovell (see p. 120) in a Latin ode sent to Beveridge in Maine after a visit to Boston praises his talent, and reassures him about the Indian danger. Beveridge here responds to Lovell.

9 *Agamenticus:* York, Me.   **10** *Colliculus:* Beacon Hill (Beveridge). **24** George Montagu Dunk, 2nd Earl of Halifax (1716-1771), founder of Halifax, N. S. In 1754 Beveridge wrote a verse tribute to him (Beveridge, pp. 35-38).

48   *Census*, no. 186. Text from Beveridge, pp. 50-51. Date: 1758?

On John Lovell see p. 120.

5 General Braddock was defeated on 9 July 1755, dying on the 13th.   **11** Scottish Sir Peter Halket, Colonel of Braddock's 44th Foot, was killed with his son James in the July 9th massacre.   **13** William Shirley, Jr., son of the Governor, was killed on 9 July.   **25** *Chenecto:* probably Cape Chignecto or Chignecto Bay at the northern end of the Bay of Fundy. The other reference is to Louisburg, captured by General Jeffrey Amherst on 6 July 1758.

49   *Census*, no. 184. Text from Beveridge, p. 43. Date: 1758?

Jonathan Mayhew (1720-1766), Harvard A. B. 1744, was pastor of the West Church in Boston from 1747 till his death. In an earlier "letter" to him (*Census*, no. 183), Beveridge wrote, *Haec ego composui quae nunc tibi carmina mitto, / Rusticus, ignotus, ingeniique rudis. / Subjicioque tuae censurae quicquid in illis / Sive probes, limae reddere sive velis.*

50 *Census,* no. 208. Text from Beveridge, pp. 53-54. Date 1761. See Kaiser 1963: 222.

On Shirley see note 43. He was appointed to his Bahamas post on 24 July 1761.

51 *Census,* no. 163. Text from Beveridge, pp. 30-31. Date: 1754? See Kaiser 1963: 220.

On Beveridge, see p. 104.

22 On Shirley, see note 43.

52 *Census,* no. 194. Text from *Pietas,* pp. 3-6. Date: 1761.

On the *Pietas poems* see p. *141.*

31 *Isis:* Thames River.   **32** *Rhedycina:* Oxford.   **38** *jactitet* in the original.

53 *Census,* no. 193. Text from *Pietas,* pp. 1-2. Date: 1761.

On the *Pietas poems* see p. *141.*

9 *qui* in the original.

54 *Census,* no. 195. Text from *Pietas,* pp. 7-10. Date: 1761.

On the *Pietas* poems, see p. 141.

55 *Census,* no. 200. Text from *Pietas,* pp. 52-56. Date: 1761.

On poems of the *Pietas,* see p. 141.

17 *Terra:* Africa.   **24** Asia.   **25** *orbis alter:* America.   **29** *tellus:* Canada.

56 *Census,* no. 204. Text from *Pietas,* pp. 75-77. Date: 1761.

On the *Pietas* poems, see p. 141.

57 *Census,* no. 265. Text from [Stephen Sewall], *Nocte Cogitata, Auctore Anglice Scripta Young D. D., Quae Lingua Latii Donavit America* (Caroloppidi, Mass., 1786).

Edward Young (1683-1785). Sewall's version of "Night I" totals 472 lines.

58 *Census,* no. 273. Text from Stephen Sewall, *Carmina Sacra, Quae Latine Graeceque Condidit America* (Wigorniae, Mass., 1789), pp. 5-6. Date: 1789.

59 *Census,* no. 197. Text from *Pietas,* p. 25. Date; 1761.

On *Pietas* poems, see p. 141.

60 *Census,* no. 206. Text from *Pietas,* pp. 83-84. Date: 1761.

1 Astronomer Edmund Halley (1656-1742).   **18** George III's consort, Charlotte Sophia.

61 *Census,* no. 207. Text from *Pietas,* pp. 105-106. Date: 1761.

1 *Isis:* Thames River.   **5** Charles River.

62 *Census,* no. 212. Text from *The Boston Post Boy,* 26 April 1762, p. 2. Date: 1762.

6 Gen. George Augustus Howe (c. 1724-1758), killed in the attack against Ticonderoga, 6 July 1758.   **8** Brig. Gen. John Prideaux (1718-1759), English general killed in the attack against Fort Niagara, 25 July 1759.   **11** Gen. James Wolfe (1727-1759).   **12** *Canadaros?:* partly smudged. Contemporary term for French Canadians? Cf. line 42 of Morrell's *Nov-Anglia.*   **31** *straverunt* is a tempting emendation.   **38** Gen. Jeffrey Amherst (1717-1797), after capturing Louisburg, became supreme British commander in America. In 1760 he directed the capture of Montreal.

63 *Census,* no. 215. Text from *The Massachusetts Gazette and Boston News Letter,* 1 September 1763, p. 2; see also 25 August 1763. Date: 1763.

A Latin preface indicates Kennedy, aged 28, drowned on 17 August 1763 sailing from New York to Staten Island.

The name "Wm. Hooper" is inked in at the bottom of the poem in a contemporary hand.

46 A doubtful line. I suggest the very tentative emendation *parent.* But the syntax remains strange.

64 *Census,* no. 218. Text from *The Boston Evening Post,* 16 July 1764, p. 3. Date: 16 July 1764; so the subscription.

"H." is pretty surely the same as the author of the preceding poem, William Hooper. The Latin phrasing of the prefatory comment, and the language of lines 8, 26, and 31-32 strongly recall Hooper's choice of words.

Josiah Crocker (1741-1764), A. B. Harvard, 1760, was briefly a minister at Yarmouth, Mass. See Sibley XIV, 574.

26 *dederit* in original.

65 *Census,* no. 231. Text from *William and Mary,* p. 269. Date: 1771. John Murray, fourth Earl of Dunmore (1732-1809).

2 There is a reference here perhaps to the Battle of Alamance on 16 May 1771.   **13** After *et* perhaps *jam* has dropped out.   **18** *dummodo:* an ambiguous usage.   **26** Medieval word lists indicate use of *papicola* about 1600.   **31** I have added *-que* on the strength of the source line, Vergil, *Ecl.* 5.65.

66 *Census,* no. 238. Text from *William and Mary,* pp. 270-71. Date: 1772. The title is from Vergil, *Aen.* 8. 364. There is a pervasive classical air to the lines.

3 I read *haud* with the MS, not *non* with the edition.

67 *Census*, no. 241. Text from *William and Mary*, pp. 271-72. Date: 1773. Vergilian echoes.

68 *Census*, no. 243. Text from *William and Mary*, p. 272. Date: 1773. An imitation of Martial 5. 22.

69 *Census*, no. 246. Text from *William and Mary*, p. 273. Date: 1774. Much in the classical manner.

22 Perhaps *Pyroeis* should be read, *metri causa*. **30-32** In 1774 Governor Dunmore led an army to the Ohio River to destroy an Indian coalition formed to check the rapid expansion of Virginia.

70 *Census*, no. 250. Text from Leo M. Kaiser, "Two Latin *Americana*," *The Classical Bulletin*, XXXVIII (1962), 74. Date: 1775. The poem is subscribed, *Philadelphiae, 6to Calendas Julii.*

71 *Census*, no. 251. Text from [John Parke], *The Lyric Works of Horace, translated into English Verse; to which are added a number of original poems* (Philadelphia, 1786), p. 225. Date: 1777; subscribed "Bristol, Head Quarters, Jan. 14."

The Latin is prefatory to Parke's English elegy on the death of Colonel John Haselet (Haslet, Hazlet) of Delaware near Princeton, 3 January 1777.

4 *detque* in the original.

72 *Census*, no. 266. Text from [John Parke], *The Lyric Works of Horace, translated into English Verse; to which are added a number of original poems* (Philadelphia, 1786), p. 74. Date: 1786. The poem is prefatory to Parke's translation of Horace, *Odes* 2. 20.

73 *Census,* no. 257. Text from broadside at the Massachusetts Historical Society. Date: 1781. His wife had only recently died. There are reminiscences of Ovid and Horace.

74 *Census,* no. 263. Text from *Carlisle [Pa.] Gazette and the Western Repository of Knowledge,* 29 March 1786, p. 3. Date 1786; the poem is subscribed *Carleoli, tertio Kal. Aprilis.*

Nisbet, a Scottish divine, came to America in 1785 at the age of forty-seven to become President of Dickinson College at Carlisle, Pa. Soon thereafter he suffered a severe attack of fever and ague.

17 *Coskrides:* This has resisted my every effort at identification. I offer the suggestion that Ross made the Latin patronymic *Coskrides* out of the Scottish surname "Coskry," and that the Latin word then is merely the same as the familiar Scottish surname "MacCoskrie" ("Maccoskry," "Maccoskery," "McKoscry"); see George F. Black, *The Surnames of Scotland* (New York, 1946), pp. 174, 478. But I have found no evidence about a physician named MacCoskrie who attended Nesbit.

75 *Census,* no. 281. Text from *Port Folio Magazine,* I (31 May 1806), 336. Date: 1804: the poem is subscribed *Coll. Franklin, Lancastriae, Kal. Mart. 1804.*

On Nisbet, see note 74. In his eighteen years as President, Nisbet, a polyglot, and underpaid, fought hard to maintain his conservative philosophy of education. See the penetrating sketch in Duyckinck II, 59-60.

76 *Census,* no. 290. Text from *Port Folio Magazine,* V (6 July 1805), 208. Date: 1805; the poem is subscribed *Lancastriae, Pennsylvanorum, Nonis Jun. 1805.*

The Latin is a translation of Dryden's "Epigram on Milton," the three poets being Homer, Vergil, and Milton.

77 *Census,* no. 309. Text from *Port Folio Magazine,* XVI (24 September 1808), 208. Date: 1808.

We may presume the unsigned poem is indeed by Ross.

17 I have supplied *nos* for metrical purposes.

78 *Census,* no. 325. Text from *Port Folio Magazine,* III (June, 1814), 603-605. Date: 1813; poem is subscribed *Ja. Ross, Philadelphiae, Septimo Kal. Jan. A. D. 1813.*

Thompson had been professor of languages at Dickinson College, Carlisle, Pa. He had the reputation of being an accurate scholar. See John Maclean, *History of the College of New Jersey* (Philadelphia, 1877), II, 45.

3 *illico,* my correction of *illic.*   **16** *Limi Albi:* the town of Whitemarsh on Wissahickon Creek, a few miles north of Philadelphia. **17-18** Ross identifies *Alethes* as James Davidson, M. D. (1732-1809), professor of languages at the University of Pennsylvania grammar school till 1779. He published a popular Latin Grammar. See Edward P. Cheney, *History of the University of Pennsylvania 1740-1940,* (Philadelphia, 1940), pp. 73-74, 196.   **25** Newark, N. J.   **26** *Protopolitae:* "first citizens."   **31** My emendation of *acerbi.*   **33** Herostratus burned the temple of Artemis at Ephesus on the night of Alexander the Great's birth to achieve perpetual fame for himself (Strabo).

79 *Census,* no. 328. Text from [James Ross], *Victoria Neo-Aureliana: Pax Gandavensis, cum Interpretatione Poetica a Michaele Fortune, Philadelphiensi* (Philadelphia, 1816). Date: 1815; the poem is subscribed *Philadelphiae, Martiis Kal. A. D. 1815.*

In a Latin preface Ross dedicates the poem to former President Thomas Jefferson.

18 The Raisin River Massacre took place in southeast Michigan, 22 January 1813. "Remember the River Raisin" became a rallying cry throughout the War of 1812.

80 *Census,* no. 329. Text from *Port Folio Magazine,* VI (November, 1815), 528-29. Date: 1815; the poem is subscribed *Ja. Ross, Philadelphiae, Idibus Augusti, A. D. 1815.*

Andrews (1746-1813), a *condiscipulus* of Ross and unquestionably one of the best classical scholars in the country (see *DAB*), graduated from the College of Philadelphia in 1765, became a missionary in foreign lands, then a Maryland pastor. A Loyalist, he removed to Yorktown where he kept a school. From 1791 on he was Vice-Provost, then Provost of the College of Philadelphia; see Duyckinck I, 390-91.

23 At this line Ross indicates that we are to imagine the lament of students commencing.   **35** I have thus corrected *Andreus nam docuit nos falso secernere verum.* Cf. Ross's elegy on Charles Nisbet, lines 21 ff.   **47** I have thus corrected *Mortuus est, heu! quod mortalibus aegris.*

81 *Census,* no. 274. Text from James L. Kingsley, "Sketch of the History of Yale College," *American Quarterly Register,* VIII (1835), 19. Date: 1789? The verses were affixed to a portrait of Elihu Yale (1648-1721) presented to the College in 1789.

3 Elihu Yale made a great fortune in the East Indies.

82 *Census,* no. 270. Text from *Columbian Magazine or Monthly Miscellany,* III (1789), 613. Date: 1789.

The poem is a Latinization of stanza 5 of the "Ballad on Hope" by William Shenstone (1714-1763).

83 *Census,* no. 275. Text from *Columbian Centinel,* 26 December 1792, p. 4. Date 1792; the poem was subscribed "Dec. 10."

1 Martial, *Liber Spectaculorum* I, 1.   **3** *Atlantiaca,* my emendation of *Atlantias.*

84 *Census,* no. 276. Text from *Monthly Magazine and American Review,* II (1800), 79. Date: 1795; poem is subscribed *Hibernicus. Prid. Cal. Novm. A. D. 1795.*

Prince Edward is Edward Augustus, Duke of Kent (1767-1820), stationed at various times between 1794 and 1800 in British North America, at Quebec and Halifax, N.S. See *DNB*, XI (1909), 10-20.

17 ff. As major-general, Edward engaged in operations against the French at Guadeloupe, Martinique, and St. Lucia in the West Indies in 1794.

85 *Census*, no. 282. Text from *The Repertory*, 3 August 1804, p. 2. Date: 1804.

Alexander Hamilton (1757-1804), soldier, statesman. A leader of the Federalist Party, first Secretary of the Treasury, he was killed in a duel with Aaron Burr.

4, 28 I have thus corrected the single *heu* of the original.   **11** Battle of Yorktown.   **13** *Gallis sanguineis* is a reference perhaps to the execution of Louis XVI, 21 January 1793.   **14** Hamilton's sympathies were not with France, but Great Britain.   **18** *hostis:* Burr.

86 *Census*, no. 294. Text from *Monthly Anthology and Boston Review* III (March 1806), 135-36. Date: 1806.

L. provides some notes to the poem, and various of these are included, indicated by (L.).

24 *qui:* Demosthenes (L.)   **25** *judicis;* cf. the Aesopic fable of the ass's shadow (L.).   **30** *formam: forma umbrae* (L.)   **31** *vates:* Sappho.   **38** *nostras (res),* i. e., *virtus (L.)*   **39** *rege:* Mithridates, defeated by Pompey at Nicopolis.   **49** *sic,* my emendation of *si.*   **53** *Achaeam,* my emendation of *Actaeam.*   **57** C. Sulpicius Gallus, astronomer, predicted the eclipse of the moon on 21 June 168 B. C. before the battle of Pydna.   **64** *umbripedes* I find in no lexicon. Meant here are the Sciapodes (Sciopodes), the shadow-footed people of Libya who, according to Ctesias, when resting held up their web feet as protection against the sun. See Aristophanes, *Aves* 1553; Pliny, *N.H.* 8. 2.   **71** *Tullius:* see *Piso* 57 (L.).

87 *Census*, no. 284. Text from *Literary Miscellany* (Harvard), I (1805), 196. Date: 1805.

88 *Census,* no. 285. Text from *Literary Miscellany* (Harvard), I (1805), 197. Date: 1805.

An experiment by the Boston Board of Health in October-November, 1802 had proved the efficacy and safety of "cowpox vaccination."

1 A corrupt reading.   **5** *aut* in the original.

89 *Census,* no. 292. Text from *The Repertory,* 3 January 1806, p. 3. Date: 1806.

Quintus Roscius Gallus (d. c. 62 B. C.), an actor, whose name became typical for a consummate artist.

Perhaps Aaron Burr (1756-1836) is the target of the lines.

2 *Marcius:* perhaps Gaius Marcius Rutilius, first plebeian dictator at Rome, who repulsed an Etruscan invasion in 356 B. C., for which he was granted a triumph despite patrician opposition.

90 *Census,* no. 293. Text from *The Repertory,* 10 January 1806, p. 1. Date: 1806.

Admiral Horatio Nelson (1758-1805) defeated the combined French and Spanish fleets off Cape Trafalgar, 21 October 1805, but was killed in action.

10 *Victoria,* Nelson's flagship.   **12** *Regius...Dominus,* the "Royal Sovereign."   **18** Carlos, Duke of Gravina (1756-1806), Spanish admiral.   **19** *dux Gallorum:* Pierre Charles de Villeneuve (1763-1806).   **26** *Bellonaeque,* my emendation of *belionaeque.*

91 *Census,* no. 305. Text from *Monthly Anthology and Boston Review,* V (April, 1808), 211. Date: 1807; the poem is subscribed *Prid. Kal. Jan.*

92 *Census,* no. 306. Text from *Monthly Anthology and Boston Review,* V (April, 1808), 211-12. Date: 1808.

Julius is not further identified.

93 *Census,* no. 307. Text from *Monthly Anthology and Boston Review,* V (June 1808), 321. Date: 1808.

William Collins (1721-1759), early romantic English lyric poet. James Thomson (1700-1748), British poet, first to challenge eighteenth century classicism. The eleven stanzas of the Latin match the English.

19 *turrim,* of Richmond Church.   **24** *flumine,* my emendation of *flumini. cient,* my emendation of *ciunt.*   **35** *vale,* a metrical liberty.

94 *Census,* no. 310. Text from *Monthly Anthology and Boston Review,* V (October, 1808), 553. Date: 1808.

95 *Census,* no. 311. Text from Stephanus Alexander Viel, *Telemachiados Libros XXIV, e gallico sermone in latinum carmen transtulit* (Paris, 1808; corrected edition, Paris, 1814). Date: 1808.

François de Fénelon (1651-1715) wrote his *Télémaque* in 1699 for the young Duke of Burgundy, his pupil. The catalog of printed books in the Bibliothèque Nationale at Paris lists two Latin translations of the *Télémaque* before Viel, and six after him.

96 *Census,* no. 312. Text from *Monthly Anthology and Boston Review,* VI (February, 1809), 103. Date: 1809.

This is a version of the "Dirge in Cymbeline" of William Collins (1721-1759). The six Latin stanzas match the English.

13 *rubecula:* the "red breast"; identified in Du Cange, *Glossarium Mediae et Infimae Latinitatis,* as the *erithacus,* on which see the *Thesaurus Linguae Latinae.*

97 *Census,* no. 313. Text from *Monthly Anthology and Boston Review,* VI (May, 1809), 318. Date: 1809. The poem is subscribed *Ex antro meo, Cantabrigiae.*

The church here honored is the still-standing Episcopalian Christ Church in Cambridge, organized in 1759, and opened for service in 1761. In the Revolution nearly all the Tory parishioners followed the British army to Halifax; the third rector, Winwood Serjeant, and some few faithful went to England; the church building suffered vandalism and closed till 1790. For almost forty years thereafter the life of the parish was almost extinguished, a few Harvard students constituting the congregation, and the edifice itself fell into disrepair.

13 The church interior was white with green blinds, the exterior gray, with red doors.   **15** *Ante Aquilam:* "Before nightfall"? **17-18** Reference is obscure.   **19** Adjacent Old Cambridge Burial Ground, where the first nine Presidents of Harvard are interred. **23** The Rev. East Apthorp (1733-1816), the first rector, whom the Puritan element of Cambridge pressured into resigning.

98   *Census,* no. 315. Text from [Louis Hue Girardin], *De Monomachia sive Duello* (Rigoduni, Virginiensium, 1810), with an English verse translation. Date: 1809; in his preface dedicating the poem to the Congress, Girardin appends the date *Die Decembris Vigesima Quinta, Anno Salutis MDCCCIX.*

42 This line Girardin supplies in his *Errata* (p. 25).   **189** *oculis* listed in his *Errata* (p. 25) as a correction for *oculus.*

99   *Census,* no. 323. Text from *Port Folio Magazine,* VII (April, 1812), 400-401. Date: 1811; the poem is subscribed *Stephanus Theodorus Badin, Cathol. Mission. Maerens canebat 15 Dec. 1811.*

Joseph Hamilton Daviess (Daveiss) (1774-1811) became U. S. Attorney for Kentucky. In 1799 he acted as a second to John Rowan in a duel in which Rowan killed his adversary. He served as a volunteer major of dragoons under Gen. William H. Harrison and was wounded leading a successful counter-attack at Tippecanoe on 7 November 1811. He died the next day, while Harrison razed the Indian capital of Prophetstown. Rowan (1773-1853) was a member of Congress from Kentucky, 1825-1831. He was commissioned by the legislature to make a commemorative address on Tippecanoe.

3 *propior* is my emendation of *proprior.*

100 *Census*, no. 332. Text from Francis Griffin, comp., *Remains* [of the poetry of Edmund Dorr Griffin] (New York, 1831), I, 87-90. Date: 1818; preceding the poem are the words, "Written at the Age of Fourteen."

101 *Census*, no. 334. Text from [Edmund D. Griffin], [Title page missing for the edition of the Latin poems of 1821 and 1822], [N. Y.], T. & J. Swords, Printers, 1823, pp. 2-3. Date: 1821; the poem is subscribed "E. D. G. January 1, 1821." It is dedicated to William Harris (1765-1829), President of Columbia College from 1811 to his death.

102 *Census*, no. 335. Text from pp. 7-10 of item listed at 101. Date: 1822; the poem is subscribed "E. D. G. March 2, 1822."

   62 *desereret* is my emendation of *deseruit*.   **154** *moveantur* is my emendation of *moventur*, synizesis being invoked.

103 *Census*, no. 336. Text from [Edmund D. Griffin], *Poema in Comitiis Collegii Columbiani Edmundo D. Griffin Pronuntiatum, Nonis Aug. MDCCCXXIII* [N. Y., 1823], pp. 1-4. Date: 1823.

   45 *pronos* is my emendation of *pronus*.

104 *Census*, no. 333. Text from *Boston Daily Advertiser and Repertory*, 30 January 1821, p. 2. Date: 1820; the poem is subscribed *John C. Fisher. Bostoniae, Nov Anglorum, Die 11 ante Kalend. Januar.*

   25 *linquit* is my emendation of *linguit*.

105 *Census*, no. 338. Text from Wilson, p. 15. Date: 1824; first appearance of poem was in the *Cincinnati Literary Gazette*, 2 July 1824, p. 32.

106 *Census,* no. 339. Text from Wilson, pp. 5-6. Date: 1825.

1 In his Latin note on *Libertas,* Wilson cites passages from Milton and Addison describing Liberty as a nymph or goddess, and adds, *Si quis autem inter deas fabulosas Heliconis Libertati locum deneget, de illo dicam, 'Auriculas asini habeat, atque idem jungat vulpes et mulgeat hircos.'* **34** *nucibus relictis:* see Persius I. 10.

107 *Census,* no. 340. Text from Wilson, pp. 8-9. Date: 1825.

108 *Census,* no. 341. Text from Wilson, pp. 10-12; verse translation, pp. 20-23. Date: 1825?

La Fayette visited the United States in 1824-1825.

U. T. in the dedication may refer to Transylvania University.

2 *canta* is my emendation of *cantu.*   **19** *coeli,* a contemporary, inked-in correction of the original *coelo.*

109 *Census,* no. 342. Text from Wilson, p. 15. Date: 1825.

Horace Holley (1781-1827), a Yale graduate, was President of Transylvania University from 1818 to his death, during which time the school flourished greatly.

110 *Census,* no. 343. Text from Wilson, pp. 16-17. Date: 1825.

111 *Census,* no. 344. Text from Wilson, p. 19. Date: 1825.

After the third stanza appear the words *Desiderantur caetera.*

7 *simul* is my emendation of *simal.*   **11** *alma* is my emendation of *alme.*

Index of Poets

A., 207,210,212
A., B., 189
Adams, William, 35
Anonymous, 40,57,59,153,156,159,161,
   163,166,185,194,201,203,214,217,221
Badin, Stephen Theodore, 232
Bernard, Francis, 141
Beveridge, John, 104
Bowdoin, James, 137
Bulkeley, Peter, 24
Carey, John, 187
Chauncy, Charles, 21
Cochran, William, 191
Corlet, Elijah, 16
Croswell, Andrew, 170
Dawson, William, 62
Eleazar, 33
F., J., 85
Fisher, John C., 252
Gardner, Nathaniel, 65
Girardin, Louis Hue, 226
Griffin, Edmund Dorr, 235
H. (William Hooper), 150
Hoar, Leonard, 31
Holyoke, Edward, 125
Hooper, William, 147
Knight, Henry Cogswell, 223
L., 197
Logan, James, 43

Lovell, John, 120
Lowry, William, 75
MacCarthy, 205
Makin, Thomas, 46
Morrell, William, 3
Nov-Anglus, 144
Parke, John, 168
Pierson, Abraham, 27
Prime, Benjamin Young, 88
Ross, James, 172
Sewall, Samuel, 38
Sewall, Stephen, 128
Viel, Etienne Bernard Alexandre, Abbé, 219
Vincent, Philip, 8
Wigglesworth, Michael, 29
Wilson, John, 10
Wilson, Samuel, 256
Winthrop, John, 139

Index of First Lines

Adventus vester cunctis gratissimus hic est,   86
Aemula dis divisque prior, diva ipsa futura,   198
Aestivus longum caelis evanuerat sol,   242
Ah, nunc abis, tutor venerabilis,   89
An vanis inscripta notis angustior urna,   169
Attigit et tandem vitae ultima doctus amicus,   177
Audebat quondam transire profunda Columbus,   236
Aureus Phoebus roseis quadrigis   259
Auris, mens, oculus, manus, os, pes, munere fungi,   39
Autumnus felix aderat granaria complens,   233
Avolet longe Boreas et omnis,   192

'Barbara pyramidum sileat miracula Memphis',   190
Bernarde, raptam tu citharam tholo,   123
Burre, te nostri columen decusque,   90

Candide doctarum praeses, cytharaede, sororum,   76
Carmina me poscis? Dare vellem, sed neque sacri,   106
Conditor mundi omnipotensque rector,   264
Cum roseis quondam dea Adorea fulgida pennis,   129

Debili tentura viam volatu,   130
Dejecta o tandem sustollite lumina laeti,   66
Desine, Belshazzar, templo omnipotentis abuti,   39
Devolans Pindo aut Helicone, Clio,   261
Diva Libertas, Heliconis alti,   257
Dives eras donis etiamque fidelis in usu,   25
Ducit in Americam varios gens Angla colonos,   9
Dum ciet saevis Boreas procellis,   96

Dum ruit tectis superante nimbo,   218
Dum servat stellas oculis Halleius acutis,   140

Ecce Dei nutu tellus pavefacta tremiscit,   25
Eheu! lugubris carmina Naeniae,   126
En, mihi fert animus patroni nomine vestri,   11
En novo, Juli, ut nitide refulgent,   213
En regis magni diploma insigne Jacobi,   32
En tumulo jacet hoc sylvae nemorumque poeta,   215
En venusta es, cara mihi, en venusta es,   135
En vir, cui meritas laudes ob facta per orbis,   186
Exiit ergo Maria, et amanda ac cara Maria,   176

Ferri secundo mens avet impetu,   169
Fulmen uti rutilans annosas dejicit ornos,   157

Gallica crux aequam flammam sentire coacta est,   39
Gloriam coeli Domino canamus,   179
Grassante bello protegis Accadam,   109

Hactenus ignotam populis ego carmine primus,   4
Haec habet et regio memorabile nomen habebit,   47
Haec tibi, sancte senex, funebria maesta dicamus,   151
Heu, me nunc caecam quis ducet filius, orbam,   22
Heu, Paradisus alit sanctis infantibus hostem,   13
Hinc procul, o procul este profani! Daedala tellus,   154
Huc ades, o saevum corporis arcere venenum,   204

Immensa vastos saecula circulos,   97
Indulge lacrymis, orba Columbia,   195
Inveni — et tenerae servatur manus amicae,   188
Io triumphe hic quid sibi vult frequens,   112
Ira premit, peccata gravant, afflictio frangit,   30

Isis et Camus placide fluentes,   142

Laurea crines redimite, Apollo,   266
Lucida qui novit numeris constringere justis,   58
Lugubre excidium contemplati populorum,   239

Montibus in summis occisa est gloria gentis,   99
Multa senum juvenumque monent nos funera vivos,   60
Musa canit tristis mortem, tum vulnera mortis,   145
Musa, mihi memora pugnam, quo duce tremendo,   208

Nec ver perpetuum voluit Deus esse, perennem   19
Nec vitam aversor quamvis sit origo dolorum,   15
Nempe tres vates totidemque seclis,   176
Non ego delicias jucundas ruris amoeni,   247
Non ego jam planctu decorem tua funera sero,   63
Nonne is honoratus? Deus ipse coronat honore,   14

O cui dulciloquam permisit Delius ipse,   67
Omnes debemur morti, paulumque morati,   171

Parce, Deus, populique tui miserere cadentis,   23
Perfida gens animis atque armis nescia vinci,   100
Pergis extremas, bone dux, in oras,   108
Pertaesus patriae, valido correptus amore,   160
Pigra senectutis jam venit inutilis aetas,   26
Proximus a primo debellat Georgius hostes,   138
Proximus divis sedeat beatis,   257

Qualis in silvis dubius viator,   173
Quam nostra multis vita periculis,   117
Quas, musa, paras nunc elegeias,   116
Quas tu Camoenas quem vel Apollinem,   114
Quem virum mavult celebrare Clio,   133

Quid frustra erepti fatis quaeramus amici,   148
Quid legi dignum tibi donet, Hollei,   263
Quid magistratum decuit quod defuit ille,   28
Quod Deus omnipotens regali voce minatur,   30
Quo me paventem, Musa, rapis tui,   253

Salve, delubrum, salve, tu sancta cathedra,   224
Salve, novum annum praeveniens quae agis,   211
Shirlaee, salve; te favor aulicus,   118
Siccine jam lachrymas justum sed flebile munus,   41
Si mea cum vestris valuissent vota, Nov-Angli,   17
Sis abrepta licet tenerum ceu frigore germen,   44
Si te promeritus fui, Carine,   162
Sol, qui perpetua mundum vertigine lustras,   164
Somne veni, quanquam certissima mortis imago,   202
Somnus, qui fessos reficit mitissimus artus,   134
Spirans per agros lene Favonius,   121
Stabat in acclivi divae domus, unde per omnem,   220
Stupescit Indus classe Britannica,   111

Taedium longi maris et viarum   105
Tentabo illustrem tristi memorare dolore,   34
Te quoque, qui nostris dignatus vivere, Nisbet,   174
Terrae, quae viridi condit in aggere,   222
Te vocat Boston ubi dux iniquus,   167
Tristia narrantur, miris ferit ictibus aures,   36
Tu qui magnanimos oculis mirantibus offers,   206

Ultimus ille dies venit qui nos manet omnes,   183
Ultimus iste dies mensis, mihi primus habetur,   26
Unde nova haec rerum facies miserabilis? Eheu,   81

Vos, quibus a populo rerum commissa potestas,   227